马克思主义简明读本

解读《家庭、私有制和国家的起源》

丛书主编：韩喜平
本书著者：吴　江

编　委　会：韩喜平　邵彦敏　吴宏政
王为全　罗克全　张中国
王　颖　石　英　里光年

吉林出版集团股份有限公司

图书在版编目（CIP）数据

解读《家庭、私有制和国家的起源》/吴江著.--长春:吉林出版集团股份有限公司，2013.9（2019.2重印）
（马克思主义简明读本）

ISBN 978-7-5534-2628-0

Ⅰ.①解…Ⅱ.①吴…Ⅲ.①《家庭、私有制和国家的起源》—恩格斯著作研究Ⅳ.①A811.24

中国版本图书馆CIP数据核字(2013)第174260号

解读《家庭、私有制和国家的起源》

JIEDU JIATING SIYOUZHI HE GUOJIA DE QIYUAN

丛书主编：韩喜平
本书著者：吴 江
项目策划：周海英 耿 宏
项目负责：周海英 耿 宏 宫志伟
责任编辑：陈 曲
出 版：吉林出版集团股份有限公司
发 行：吉林出版集团社科图书有限公司
电 话：0431-86012746
印 刷：北京一鑫印务有限责任公司
开 本：710mm × 960mm 1/16
字 数：100千字
印 张：12
版 次：2013年9月第1版
印 次：2019年2月第2次印刷
书 号：ISBN 978-7-5534-2628-0
定 价：29.70元

序　言

习近平总书记指出，青年最富有朝气、最富有梦想，青年兴则国家兴，青年强则国家强。青年是民族的未来，“中国梦”是我们的，更是青年一代的，实现中华民族伟大复兴的“中国梦”需要依靠广大青年的不断努力。

要提高青年人的理论素养。理论是科学化、系统化、观念化的复杂知识体系，也是认识问题、分析问题、解决问题的思想方法和工作方法。青年正处于世界观、方法论形成的关键时期，特别是在知识爆炸、文化快餐消费盛行的今天，如果能够静下心来学习一点理论知识，对于提高他们分析问题、辨别是非的能力有着很大的帮助。

要提高青年人的政治理论素养。青年是祖国的未来，是社会主义的建设者和接班人。党的十八大报告指出，回首近代以来中国波澜壮阔的历史，展望中华民族充满希望的未来，我们得出一个坚定的结论——实现中华民族伟大复兴，必须坚定不移地走中国特色社会主义道路。要建立青年人对中国特色社会主义的道路自信、理论自信、制度自信，就必须要对他们进行马克思主义理论教育，特别是中国特色社会主义理论体系教育。

要提高青年人的创新能力。创新是推动民族进步和社会发展的不竭动力，培养青年人的创新能力是全社会的重要职责。但创新从来都是继承与发展的统一，它需要知识的积淀，需要理论素养的提升。马克思主义理论是人类社会最为重大的理论创新，系统地学习马克思主义理论有助于青年人创新能力的提升。

要培养青年人的远大志向。“一个民族只有拥有那些关注天空的人，这个民族才有希望。如果一个民族只是关心眼下脚下的事情，这个民族是没有未来的。”马克思主义是关注人类自由与解放的理论，是胸怀世界、关注人类的理论，青年人志存高远，奋发有为，应该学会用马克思主义理论武装自己，胸怀世界，关注人类。

正是基于以上几点考虑，我们编写了这套《马克思主义简明读本》系列丛书，以便更全面地展示马克思主义理论基础知识。希望青年朋友们通过学习，能够切实收到成效。

韩喜平

2013年8月

目　录

引　言

《家庭、私有制和国家的起源》，是弗里德里希·恩格斯（Friedrich Engels，1820—1895）的一部关于古代社会发展规律和国家起源的著作，是马克思主义国家学说的代表著作之一。

早在恩格斯写《家庭、私有制和国家的起源》之前，马克思就已注意到路易斯·亨利·摩尔根的著作《古代社会》，并对其作了摘要和评语。马克思去世后，恩格斯在整理马克思的手稿时，发现了马克思对摩尔根《古代社会》所作的摘要和评语，他认为当时世界上还没有一本系统介绍人类亲属关系和起源的著作，因此有必要对马克思的《古代社会》手稿进行补充并写一部详细的著作。当时的欧洲正值无产阶级运动爆发之际，无产阶级对于资产阶级宣称的某些理论，如阶级从人类社会出现便存在，人类社会自古便是父权制社会等，不能在理论上予以反驳，极大地阻碍了工人阶级无产运动的发展。因此，恩格斯更加坚定了出版《家庭、私有制和国家的起源》一书的决心。

在《家庭、私有制和国家的起源》一书中，恩格斯运用唯物史观的方式对摩尔根的研究成果进行了详细而有条理的阐述。恩格斯认为劳动生产率在人类的发展史上的作用十分巨大，由于劳动生产力的提高，人类在生产满足生存必须的物品后有了剩余，这些剩余的物品逐渐发展成为私有财产。私有财产的聚集促进了穷人和富人的分化，进而发展为阶级和阶级的对立。阶级的冲突最终导致以血亲家族为基础的原始社会崩塌，被一定阶级主导的国家所取代。恩格斯根据摩尔根在《古代社会》中对印第安人社会的研究，并在此基础上加入对古代罗马、古代希腊和日耳曼人社会的研究，进一步论证并丰富了摩尔根的结论。

恩格斯对摩尔根的《古代社会》给予了高度的评价，他指出摩尔根“确定原始的母权制氏族是一切文明民族的父权制氏族以前的阶段这个重新发现，对于原始历史所具有的意义，正如达尔文的进化理论对于生物学和马克思的剩余价值理论对于政治经济学的意义一样”。人类学家普遍认为摩尔根是第一个研究人类亲属制度的人，正因为摩尔根非凡杰出的贡献，以及马克思、恩格斯的智慧和执着，才使得《家庭、私有制和国家的起源》成为集大成的著作，成为人类不朽的财富。

第一章　《古代社会》与《家庭、私有制和国家的起源》

第一节　摩尔根《古代社会》的奠基作用

一、摩尔根简介

“在论述社会的原始状况方面，现在有一本像达尔文学说对于生物学那样具有决定意义的书，这本书当然也是被马克思发现的，这就是摩尔根的《古代社会》（1877年版）。”马克思在评价摩尔根的《古代社会》时曾这样说道。其实，在所有民族学、人类学的研究成果中，马克思、恩格斯特别重视巴霍芬和摩尔根所做的贡献。

巴霍芬（1815—1887），瑞士法学家、人类学家。曾任巴塞尔大学罗马法的教授。巴霍芬影响最大的著作是他1861年出版的《母权论》。他根据大量古籍，作了比较研究后指出，在人们所了解的父权、父系之前，曾普遍存在过一个漫长的母权、母系的时代，在远古社会中曾有过母权统治和按母系计算血统与继承财产的制度。这是因为当时人类的两性关系还是处于“杂婚”状态，所以只能由母系来确认子嗣和继承财产，从而母亲便在社会中居于支配地位，享有崇高的威望，完全不像后来那样变成了男子的附属品。恩格斯后来在《家庭、私有制和国家的起源》第四版序言中称巴霍芬的这些论点在当时是一个完全的革命，并说：“家庭史的研究是从1861年，即巴霍芬的《母权论》出版的那一年开始的。”

对于摩尔根，马克思更是给予了极大的肯定：“摩尔根是第一个具有专门知识而想给人类的史前史建立一个确定的系统的人。”

美国著名人类学家路易斯·享利·摩尔根（Lewis Henry Morgan，1818—1881），是一个美国农场主的儿子，1818年11月21日出生在美国纽约州奥罗拉村附近，1881年12月17日死于纽约州的罗切斯特。他的父亲是位富裕的农庄主，曾当选为州议员。摩尔根在青年时代曾就读于高等学校，1840年摩尔根从罗切斯特联合学院毕业后，继续学习法律，于1842年获得律师资格，1844年起在罗切斯特开设律师事务所，从事律师职业，并先后被选为州的众议院议员和参议院议员。当时的美国还残留着一些尚未开化的原始部落，摩尔根经常深入到印第安民族易洛魁人的住地，与当地印第安人交朋友，仔细观察他们的生活方式。有了这些田野调查的基础，摩尔根才能对原始社会的状况进行剖析。长期以来，摩尔根在美洲印第安人中进行调查研究，并在一次诉讼中，为当地易洛魁人的塞纳卡部落辩护成功，击败了一个要用欺骗手段掠夺他们土地的公司，从而在易洛魁人中赢得了信任和尊敬。摩尔根与印第安人建立了深厚的感情，并于1847年被易洛魁人中的塞内卡部鹰氏族收纳为其成员，这是印第安人对友好的外族人的一种优待礼遇。由于与印第安人同住同吃同生活，摩尔根因此能够深入地了解印第安人一直不向外透露的风俗习惯，以及他们的政治、经济、文化、社会组织、婚姻、家庭、艺术、宗教等情况，掌握了极其丰富的、十分可靠的第一手材料。1851年，摩尔根发表了他的第一部研究印第安人的主要著作《易洛魁联盟》，这本书介绍了易洛魁联盟的组织结构、宗教信仰和风俗习惯，这也是世界上第一部以实证方法来研究印第安人的著作。

1856年，摩尔根开始关注亲属的称谓问题，他从实地调查和文献中得知易洛魁人那种“奇特”的亲属称谓在美洲许多不同方言的土著居民中普遍存在。他想解答这个问题，另外他还有个目的，就是要搞清印第安人的来源。对这个问题学术界历来意见不一，其中一个流行的看法认为印第安人是从亚洲越过太平洋到美洲去的。摩尔根相信这个说法，并希望得到证实。他设想，如果在亚洲及其附近地区的土著居民中也能找到与印第安人相同的亲属称谓制度，则这个论点就可获得有力的证明。于是他设计了一种调查表，分别寄给美国各地的在印第安人中传教的牧师和一些印第安人，以及远在太平洋各岛屿、远东、非洲等地的一些人，托他们代为调查各地土著居民的亲属称谓。同时，摩尔根还从1859年开始，每年出外进行一次田野调查，连续坚持了四年。使他感到欣慰的是，他所获得的材料完全证实了他的想法，在这个广阔的地域内，各种拥有不同方言的部落竟具有一种基本类似的亲属制度。1862年，摩尔根开始着手整理他所搜集的材料，通过分析研究，写出了第二部重要著作，即《人类家庭的亲属制度》。摩尔根写这本书的目的本来是打算解决印第安人的来源问题，但却得到另外一个收获，那就是探讨了原始社会的婚姻制度和亲属关系，从而发现了人类早期的社会组织原则及其普遍的发展规律。摩尔根从此扩大了他的视野，他所研究的对象不再限于印第安人，而转到整个人类的原始社会方面。1862年，摩尔根从罗切斯特迁居到密执安，虽然他还从事律师职业，但他将大部分时间放在撰写《古代社会》一书之中，这是他毕生最重要的一部著作。在这部巨著中，摩尔根以唯物史观阐述了他对人类原始社会发展规律的科学论断，在历史学和社会学领域中起了革命性的作用。由于摩尔根在学术上的成就，于1873年获联合学院名誉法学博士学位，1875年当选为美国国家科学院院士，1879年任美国科学促进协会主席。

二、《古代社会》的主要思想

《古代社会》一书主要提出了社会进化的理论，阐述了人类从蒙昧时代经过野蛮时代到文明时代的发展过程。摩尔根通过研究印第安人和世界其他地区的部落及希腊、罗马等地的古代民族史，揭示了氏族的本质及氏族制度存在的普遍性，证明母系制先于父系制，说明氏族制度发展的结果必然产生它本身的对立物——政治社会，即国家。这部书的目的，由它的副标题作了简洁的说明。照摩尔根的说法，“除掉发明和发现外”，文化的演进是“特殊观念成长”的结果，其中最重要的是“一、生活资料；二、政治；三、语言；四、家族；五、宗教；六、家庭生活和建筑；七、财产”。但是，《古代社会》并未论及这些主要观念，语言的发展“自成一门学科”，不包括在内；宗教也是这样，它的研究碰到“可能永远得不到完全满意的解释这样一些内在的困难”；原来计划要在《古代社会》中讨论“家庭生活和建筑”，但因篇幅过大而删去，后又把它重新编写为《美洲土著的房屋和家庭生活》，另外单独出版。摩尔根对古代社会所作的卓越研究，开辟了人类研究的新纪元。

现在我们看到的《古代社会》一书是由杨东莼、马雍、马巨三人于1977年翻译出版的，与摩尔根发表的《古代社会》相隔百年，由商务印书馆出版发行。全书共分为序言及内容四编，从各个不同的方面对古代社会进行了全面细致的考察。

（一）人类的起源过程

在序言部分，摩尔根介绍了人类的起源过程及本书所需探讨的主要问题。他说，地球上有人类，始于太古时代，“但其证据直到近三十年来才被人们发现，而且，这样重要的一个事实直到我们这一代才开始被人们认识，这倒似乎有些奇怪”。对人类历史特别是远古历史的研究，是在19世纪中叶开始的，说明人类对自身历史的认识真是太迟了。摩尔根认为，人类一切部落在野蛮社会以前都曾有过蒙昧社会，正如我们知道在文明社会以前有过野蛮社会一样。人类历史的起源相同，经验相同，进步相同。摩尔根的这种相同论点主要指出的是在古代社会，这种论断是相当大胆的，当然也是在他实证性的研究基础上得出的结论。他说，在人类进步的道路上，发明与发现层出不穷，成为顺序相承的各个进步阶段的标志。可以看出人类出于同源，在同一发展阶段中人类有类似的需要，并可看出在相似的社会状态中人类有同样的心理状态。

摩尔根断言，人类的各种主要制度都起源于蒙昧社会，发展于野蛮社会，而成熟于文明社会。由于人类起源只有一个，所以经历基本相似，他们在各个大陆上的发展情况虽有所不同，但途径是一样的，凡是达到同等进步状态的部落和民族，其发展均极为相似。因此，美洲印第安人诸部落的历史和经验，多少可以代表我们的远祖处于相同状况下的历史和经验。承认摩尔根的"人类同源"观点并不难，问题是人类的起源地究竟在哪里？人类的起源地究竟是一个，还是几个？现在关注人类发展历史的学者较多，关注人类社会发展进程的学者更多，但关心人类起源地的学者很少，至今这是一个人类学的悬念。

摩尔根在序言中讲道："在人类进步的道路上，发明与发现层出不穷，成为顺序相承的各个进步阶段的标志。""人类在蒙昧阶段的后期和整个野蛮阶段之中，一般都是按氏族、胞族和部落而组织的。""家族制度也经历了各种顺序相承的形态，而产生出迄今尚存的几种重要的亲属制度。""财产观念也经历了与此相似的产生与发展过程。”这四类事实沿着人类从蒙昧社会到文明社会的进步途径平行前进，它们是这本书所要探讨的主要课题。

（二）发明、发现所体现的智力发展

在第一编中摩尔根讲到各种发明和发展所体现的智力发展，主要分为人类文化的几个发展阶段、生存技术、人类发展进度的比例三部分，着重分析了人类文明的不同阶段的不同面貌。摩尔根认为，人类有一部分生活在蒙昧状态中，有一部分生活在野蛮状态中，还有一部分生活在文明状态中。这三种不同的社会状态以必然而自然的前进顺序彼此衔接起来。整个人类历史，直至每个分支分别达到今天的状况，都确实是遵循上述前进顺序进行的。摩尔根给社会发展列出了详细的发展表：（1）低级蒙昧社会。始于人类的幼稚时期，终于下一期的开始。（2）中级蒙昧社会。始于鱼类食物和用火知识的获得，终于下一期开始。（3）高级蒙昧社会。始于弓箭的发明，终于下一期的开始。（4）低级野蛮社会。始于制陶术的发明，终于下一期的开始。（5）中级野蛮社会。东半球始于动物的饲养，西半球始于用灌溉法种植玉蜀黍等作物，以及使用土坯和石头来从事建筑，终于下一期的开始。

（6）高级野蛮社会。始于冶铁术的发明和铁器的使用，终于下一期的开始。（7）文明社会。始于标音字母的发明和文字的使用，直至今天。

在谈到生存的技术时，摩尔根认为，人类能不能征服地球，完全取决于他们生存技术之巧拙。在所有的生物中，只有人类才能说对食物的生产取得了绝对控制权。顺序相承的五种生存技术是：天然食物、鱼类食物、淀粉食物、肉类和乳类食物、通过田野农业而获得的无穷食物。人类具备了既有锋刃又有锋尖的铁器以后，进入文明社会。铁的产生是人类经验中具有标志性的一件大事，相比之下，其他的发明和发现都显得有些微不足道，或要退居次要地位。我们可以说，文明的基础就是建立在铁这种金属之上的，没有铁器，人类的进步就停滞在野蛮阶段。

（三）人类社会的组织方式

在第二编中摩尔根讲到政治观念的发展。摩尔根提到了以性为基础的社会组织，通过对氏族、胞族和部落制度的研究，得出这些制度是古代社会由此而组织和结合的工具这一重要结论。摩尔根说，谈到政治观念的发展这个题目时，自然会想到以亲属为基础所组成的氏族是古代社会的一种古老的组织。但是，还有一种比氏族更早、更古老的组织，即以性为基础的婚级。氏族的胚体看来便是孕育在这种组织之中。这里的婚级其实是一种集体组织的名称，也许是翻译时存在的困难，使这一集体组织的名称听起来有些古怪。摩尔根认为，家族形态一开始是血婚制家族，这种形态的基础是兄弟与姊妹之间相互集体通婚。从这个形态过渡到第二种形态，即伙婚制家族，其社会体系近似于澳大利亚的婚级，它破坏了第一种婚姻制度，取而代之的是一群兄弟共有若干妻子和一群姊妹共有若干丈夫。这两种情况都是集体的婚配。我们不得不认为，按性别组织成婚级，以及随后较高级地按亲属关系组织成氏族，这都是一些伟大的社会运动顺应人类天性的原理自然而然创造出来的。以性为基础而不以亲属为基础的组织——婚级比氏族产生的更早，它比迄今所知的任何社会形态更为原始。婚级组织的产生似乎只是针对一个目的，即为了取缔兄弟、姊妹之间的互婚，这或许可以作为解释这一制度起源的理由。摩尔根认为，人类的经验只产生两种政治方式。第一种，也就是最古老的一种，称为社会组织，其基础为氏族、胞族和部落。第二种，也就是最晚近的一种，称为政治组织，其基础为地域和财产。这两种方式在性质上根本不同，一个属于古代社会，一个属于近代社会。摩尔根用大量的资料详细地叙述了氏族组织的发展过程；论证了原始时代氏族制度存在的普遍性，氏族是当时社会制度的基本组织单位；阐明了氏族的本质。北美易洛魁人的母系氏族制，世系和财产由女性继承，有一套包括氏族、胞族、部落、部落联盟的社会组织，按原始的民主制组成，各层组织都有自己的职能。摩尔根认为氏族出现时人类处于群婚状态，只能按母方识别世系，因而最早的氏族必然是母系制。欧洲人到美洲时，印第安人大多已组成母系氏族，部分为父系氏族，少数部落的氏族制已解体。他描绘了荷马时代希腊人以及古代罗马人的父系氏族制，指出氏族是从母系制发展为父系制的，促成这一转变的动力是私有财产的出现，父亲要把财产传给自己的亲生子女。摩尔根以历史事实阐明，氏族制度发展的结果，必然由于私有财产和阶级的出现而产生它的对立物——国家。他以雅典人和罗马人为例，探讨了国家产生的历史过程。在雅典，经过几次政治改革，历时数世纪才使氏族制度彻底消亡，形成了雅典国家。罗马国家是在平民与贵族的斗争中摧毁了氏族组织而建立起来的。

（四）亲属制度、家庭婚姻的历史

在第三编中摩尔根讲到家族观念的发展。这部分是摩尔根最有意义和最富创造性的研究。他以亲属制度来阐述已经消灭了的古代家族及婚姻制度，为人类的婚姻制度的完善及发展做出了重要的贡献。他认为家族制度是人类文明进步的一个重要环节。摩尔根列出了五种顺序相承的家族形态，也是家族发展的五个阶段：血婚制家族、婚制家族、偶婚制家族、父权制家族、专偶制家族。血婚制家族是由嫡亲和旁系的兄弟姊妹集体相互婚配而建立的，由此产生的是马来亚式亲属制度。伙婚制家族是由若干嫡亲的和旁系的姐妹集体同彼此的丈夫婚配而建立的，同伙的丈夫们彼此不一定是亲属，它也可以由若干嫡亲的和毫无关系的兄弟集体同彼此的妻子婚配而建立，这些妻子们彼此不一定是亲属。由此产生的是土兰尼亚式和加诺万尼亚式亲属制。偶婚制家族是由一对配偶结婚而建立的，但不专限与固定的配偶同居，婚姻关系只有在双方愿意的期间才维持有效。这种家族没有产生出亲属制度。父权制家族是由一个男子与若干妻子结婚而建立的，通常由此产生将妻子幽禁于闺房的风俗。这种家族也没有产生亲属制度。专偶制家族是一对配偶结婚而建立的，专限与固定的配偶同居。它产生的是雅利安式、闪族式和乌拉尔式亲属制度。他把家庭婚姻的发展阶段与社会经济的发展相联系，认为共产制的生活方式同血缘家庭、普那路亚家庭和对偶家庭相适应，一夫一妻制是由于私有财产的出现和继承财产的需要而确立的。摩尔根的家庭史研究，批判和推翻了主张家庭是社会的原始细胞、父权制家庭是最古老的家庭的“父权论”。

摩尔根之所以能够区分各种不同类型的家族，按照他的说法主要的参考根据是亲属制度。通过对亲属制度的分析，可以得出家族婚姻制度分类的结论。另外，各种家族之间相互处于一种有逻辑的序列之中，总合起来贯穿了蒙昧社会到文明社会的各个文化阶段。也就是说文明社会阶段的家族就应该是专偶制的婚姻关系，它不能倒退到伙婚制或父权制婚姻状态。摩尔根推断出血婚制家族属于蒙昧社会，偶婚制属于野蛮社会，专偶制属于现代社会。

（五）历史上的两种所有制

在第四编中摩尔根讲到财产观念的发展。摩尔根认为，财产观念是人类社会进步的主要动力。财产是积累起来的生活资料，对财产占有欲的热情在野蛮时代就存在，后来变为支配着文明种族心灵的强烈愿望。财产的发展，发明和发现的增加，都标志着人类几个文化阶段的社会制度的进步，每一个阶段财产发展状况及继承都是不同的。财产和职位是产生贵族的基础。多少世纪过去了，但是除了美国之外并未能消除特权阶级，特权阶级作为社会前进的绊脚石，已经充分体现出来了。历史上存在的两种财产所有制，即公有制和私有制，以及前者向后者的转变。摩尔根指出，是私有财产导致奴隶制和国家的产生。最后他谈到了资本主义社会之后的未来社会“将是古代氏族的自由、平等和博爱的复活，但却是在更高级形式上的复活”。

摩尔根对古代社会的卓越研究，开辟了历史研究的新纪元。他细致地描绘了古代社会人们的生活面貌，通过田野调查和文献分析，用大量的实例说明了古代社会发展的过程，深刻揭示了许多现代观念最初的根源及其演变历程，使我们不但加深了对古代社会的认识，而且加深了对现代社会的认识。摩尔根接受了达尔文的生物进化理论，全面提出了社会进化的理论，阐述了人类从蒙昧时代经过野蛮时代到文明时代的发展过程。摩尔根认定人类同源说："人类的主要制度是从少数原始思想的幼苗发展出来的；而且，由于人类的心智有其天然的逻辑，心智的能力也有其必然的限度，所以这些制度的发展途径与发展方式早已注定，彼此之间虽有差异也不会过于悬殊。各个部落和民族分居在不同的大陆上，这些大陆甚至并不毗连，但我们发现，只要他们处于同一社会状态下，他们的进步过程在性质上总是基本相同的，不符合一致性的只有因特殊原因所产生的个别事例而已。我们如将这个论点引申开来，就会倾向于确定人类同源说。"摩尔根还说，"人类的主要制度是由几个原始的思想胚芽发展成的"，《古代社会》自始至终反复提到这一论点。这些胚芽是"原始的观念，与先前的知识和经验截然无关"，并且它们的发展"早已被人类心智的天然逻辑所决定，而且彼此之间的差异也很有限"。因此，文化的发展，至少在其制度的发展方面，是心理学的问题：文化的发展就是心智的发展。

因而他一再提到人类的“精神历史”，并拥护当时普遍接受的“人类心理一致”的观点。摩尔根通过一些实例的样本得出了这个结论，使人不得不相信，但问题的关键是人类同源之地究竟在哪里？是一个种族引出了不同的人类种群，还是不同的种族引出不同的种群？摩尔根并没有给出一个答案。摩尔根认为，鱼类的分布无处不在，可以无限制地供应，而且是唯一可以在任何时候获取的食物。人类依靠鱼类食物才开始摆脱气候和地域的限制（这时候他们正处在蒙昧状态中），沿着海岸或湖岸，沿着河道四处散布，可以遍及地球上大部分地区。摩尔根的论断可以说解释了人类迁移的过程，但还是没有对人类同源之地的问题做出说明，这也就为今后人类学的研究留下了一个十分重大的课题。先前的人类学家认为一夫一妻制家庭自古就有，并且始终是人类社会的基本单位。摩尔根不同意这种观点，他根据亲属制度和社会组织的研究，系统地提出了家庭婚姻进化理论。摩尔根认为最早的婚姻状态是男女杂交，然后是兄弟姊妹的集体相互通婚，由此产生血婚制家族。以性为基础的组织和伙婚习俗，倾向于阻止兄弟姊妹之间的通婚，由此产生了伙婚制家族。

增进氏族组织的影响，改善生活的技术，使一部分人类进入低级野蛮社会，由此产生一男一女的婚族。

作出这样排列的目的，就是要确定人类从蒙昧社会进化到文明社会的整个历程。一夫一妻是文明社会的产物，虽然有些人表现出对走婚现象的向往，表现出对一夫多妻制度的向往，但是人类发展的结果不可能回到历史的起点，只能是向前迈进。

第二节　撰写《家庭、私有制和国家的起源》的主客观因素

一、主观因素

文化人类学的兴起，引起了马克思的高度关注。在资产阶级史学家对摩尔根《古代社会》保持沉默、大加排斥的时候，马克思却以极大的兴趣和热情精心研读了大量的文化人类学论著，并作了详细的摘录、译注。他计划在综合整理文化人类学成果和资料的基础上，开辟出一个新的研究领域，

写出一部恢宏的新著，来全面系统地总结整理自己的思想和观点，完整地阐释人类社会发展的多样性与统一性相结合的总体进程，以发展和丰富唯物史观。马克思对摩尔根的《古代社会》一书尤为重视。1881年5月至1882年2月，马克思花了近十个月的时间精心研究了摩尔根的《古代社会》这部书，并作了大量摘录、分析、批判性批注和补充。这部分内容在马克思《人类学笔记》占了很大的篇幅。其主要内容包括：

第一，对摩尔根研究原始社会重大贡献的高度评价。摩尔根对无阶级的原始社会的社会结构的发现，对原始社会基本氏族亲属制度和家庭婚姻形态、私有制起源和发展，以及如何产生出法治、法律制度、国家和法治组织等的阐明，证实了马克思对原始社会的见解和唯物史观。正如恩格斯评价的，“摩尔根的伟大功绩，就在于他在主要特点上发现和恢复了我们成文历史的这种史前的基础，并且在北美印第安人的血缘团体中找到了一把解开古希腊、罗马和德意志历史上那些极为重要而至今尚未解决的哑谜的钥匙”。马克思高度重视摩尔根的贡献，对其中有科学价值的材料作了详细摘录，肯定了其中的正确观点。

第二，对摩尔根原书结构的改造。摩尔根的《古代社会》一书原来的结构依次是“生产、技术的发展——法治观念的发展——家庭婚姻形式的变化——财产观念的产生”。这种论述，把财产的起源和发展放在法治组织、管理观念之后，表明摩尔根对私有制产生的深远意义的忽视，马克思在摘要中对此进行了改造，将原结构变为：生产、技术的发展——家庭婚姻形式的变化——氏族组织——私有制和国家的产生。经马克思改造后的《古代社会》一书，体系得到科学调整，更加突出了私有财产的作用和意义，克服了摩尔根的唯物主义思想的不彻底性，消除了他从观念的角度追溯人类社会制度起源的唯心主义倾向，鲜明地体现出历史唯物主义的观点：原始社会建立的基础是物质资料的生产和人自身的生产；私有制导致阶级、国家的产生和氏族制度的灭亡。

第三，对摩尔根思想的进一步说明和补充。马克思在摘录中，一是增加了许多自己掌握的材料，如古希腊、古罗马的大量具体材料，使其内容更加充实。二是对某些论点作了重要纠正。如摩尔根把取火当作人类早期的次要发明，马克思指出："与此相反：一切与取火有关的东西都是主要的发明。"马克思还否定了摩尔根"只有人类可以说达到了绝对控制食物生产的地步"的错误观点。三是对原始材料和观点给予新的概括和总结。如对摩尔根关于亲属制度、亲属称谓落后于亲属关系的论断，马克思从更为一般的意义上作了理论概括，他指出："同样，政治的、宗教的、法律的以至一般哲学的体系，都是如此。"四是对摩尔根的观点作了发挥和补充。如对摩尔根关于专偶制度家庭的起源和性质，从母系氏族过渡到父系氏族的原因和意义，对古希腊罗马社会的分析，古希腊罗马社会中私有制的产生，氏族的瓦解，以及阶级和国家的形成，阶级之间的关系等内容，马克思都作了发挥和补充，但马克思没有来得及写出系统的著作就逝世了。

恩格斯在19世纪70年代末到80年代初，也极为重视人类社会早期演变的历史探索。他不仅研读了大量的文化人类学论著，发表了《法兰克时代》等多部著作，计划撰写一部关于日耳曼人的古代历史的论著，而且还就一些问题，如东方各氏族为什么没有土地私有制，甚至没有西欧式的封建土地所有制，亚细亚所有制等问题，同马克思展开过讨论。1884年初，恩格斯在整理马克思的遗物时，发现了马克思对摩尔根《古代社会》一书的摘要，他认为极为重要和珍贵。恩格斯详尽而透彻地研究了马克思的摘录、评语，又深入研究了摩尔根的原著，他认为："摩尔根在美国，以他自己的方式，重新发现了40年前马克思所发现的唯物主义历史观，并且以此为指导，在把野蛮时代和文明时代加以对比的时候，在主要观点上得出了与马克思相同的结果。"恩格斯在研究了这些遗稿后，确信摩尔根《古代社会》一书证实了马克思和他两人所制定的唯物主义历史观和他们对原始社会的看法。1884年2月16日，恩格斯在给卡·考茨基的信中写道："在论述社会的原始状况方面，现在有一本像达尔文学说对于生物学那样具有决定意义的书，这本书当然也是被马克思发现的，这就是摩尔根的《古代社会》（1877年版）。"马克思曾经谈到过这本书，"当时我正在思考别的事情"[①]，而以后他也没有再回头研究。看来，他是很想回头再研究的，因为根据他从该书中所做的十分详细的摘录中可以看出，他

①《马克思恩格斯选集》，第四卷，人民出版社1997年版，第442页。

自己曾打算把该书介绍给德国读者。

恩格斯没有对摩尔根的著作作客观的叙述。他认为对摩尔根的著作“不作批判的探讨，不利用新研究得出的成果，不同我们的观点和已经得出的结论联系起来阐述，那就没有意义了”。恩格斯充分利用了马克思对《古代社会》一书摘要的结构、评语和评论中所表述的思想，用历史唯物主义观点对其进行了科学整理。此前，恩格斯在1881年—1882年期间就写作了《论日耳曼人的古代历史》《马尔克》等著作，他利用这些已有的科学研究成果，结合自己掌握的人类学、氏族学、考古学、社会学、历史学、法治学等多学科的知识和材料，系统阐述了人类早期社会阶段的历史，考察追溯了家庭、私有制和国家的起源，科学地证明了未来人类走向共产主义社会的历史必然性，从而修正、丰富了摩尔根著作的内容。恩格斯指出：“在关于希腊和罗马历史的章节中，我没有局限于摩尔根的例证，而是补充了我所掌握的材料。关于克尔特人和德意志人的章节，基本上是属于我的；在这里，摩尔根所掌握的差不多只是第二手的材料，而关于德意志人的章节——除了塔西佗以外——还只是弗里曼先生的不高明的自由主义的赝品。经济方面的论证，对摩尔根的目的来说已经很充分了，对我的目的来说就完全不够，所以我把它全部重新改写过了。最后，凡是没有明确引证摩尔根而做出的结论，当然都由我来负责。”

恩格斯根据当时无产阶级革命运动的实践和理论斗争的需要，认为有必要利用马克思的批语和结论，以及摩尔根的某些结论和实际材料，写一部专门的理论著作。恩格斯把这看作“在某种程度上是执行”马克思的“遗言”。恩格斯在写作过程中还广泛地研究和利用了许多其他的有关著作和材料，特别是他自己研究古希腊、古罗马、古代爱尔兰、古代德意志人等的许多种类的第一手材料（如《马尔克》《论日尔曼人的古代历史》等）。

二、客观因素

撰写《家庭、私有制和国家的起源》主要是由于当时（19世纪70年代至80年代）无产阶级革命运动的实践和理论斗争的需要。本来，迄至19世纪40年代至50年代，正如恩格斯在《共产党宣言》1888年英文版上所加的注中指出的那样：“在1847年，社会的史前状态，全部成文史以前的社会组织，几乎还没有人知道。”这种状况从某种意义上讲是科学发展的局限障蔽了人们的眼界。但对剥削阶级及其学者来说，与其说是由于他们的无知，不如说主要是由于他们的阶级偏见，特别是在家庭、私有制和国家这样的问题上。即使古代典籍文学作品以及部分民族的遗俗中反映出来的母系、母权制的遗迹，也仅仅看成是不值得重视的无意义的神话传说和陋习。而国家问题，正如列宁所指出的，国家比任何别的问题更加牵连到资产阶级的根本利益，因此被他们搞得混乱不堪。马克思、恩格斯一生都非常重视这个问题。围绕这个问题，马克思主义与资产阶级和各种机会主义进行了长期斗争。

19世纪70年代至80年代，国家问题显得十分突出，这是由于在这个时期，资产阶级除了加强他们的国家机器镇压工人和劳动人民之外，还在理论上尽量美化资产阶级国家，宣传对资产阶级国家的迷信，企图使工人阶级离开夺取国家政权、打碎资产阶级国家机器的革命斗争的正确道路。

在资产阶级革命初期，资产阶级的思想家还曾经宣传过国家起源的“契约论”，承认国家不是从有人类以来就存在的，而是随着社会的发展而产生和发展的，可以用他们的国家去代替封建的国家。但当他们建立了资产阶级国家后，就把国家说成是永恒存在而不可侵犯的了，工人运动内部也受到了这种思想的影响，出现了各种机会主义的谬论。如在当时的德国，就出现了哥达纲领草案，大肆贩卖拉萨尔机会主义思想和反动国家学说，把国家看成是超阶级的东西，提出什么要求争取实现所谓的“自由国家”，宣称通过资产阶级的“国家帮助”来实现社会主义。又如，在当时（19世纪70年代至90年代）的德国还出现了一个资产阶级思想流派——“讲坛社会主义”，硬说国家是超阶级的组织，它能够调和敌对的阶级，逐步实现“社会主义”而不必去触动资本家的利益。恩格斯针对当时的这种情况指出：“在德国，对国家的迷信，已经从哲学方面转到资产阶级甚至很多工人的一般意识中去了。”[①]要彻底打破这种迷信，必须从理论上阐明马克思主义的国家学说。要从理论上阐明马克思主义国家学说，就必须驳斥国家的“永恒论”，揭露国家的实质。要揭

①《马克思恩格斯选集》，第二卷，人民出版社1995年版，第336页。

露国家的实质，就必须说明国家的起源；要说明国家的起源，就必须说明国家产生前的氏族制度的解体和私有制的产生；要说明氏族制度和私有制的产生，就要说明氏族制度的产生和发展；要说明氏族制度的产生，就必须说明家庭的起源和发展。

从上述可见，在19世纪70年代至80年代，揭示人类社会初期历史的本来面目，系统地阐述马克思主义在家庭、私有制和国家问题上的基本观点，已成为当时无产阶级革命运动中一项十分迫切的战斗任务。恩格斯就是在这种背景下继承马克思的遗志而写作《家庭、私有制和国家的起源》的。

另外，19世纪70年代至80年代，原始社会历史的研究成果也为在理论上解决这个问题提供了可能。对于原始社会的研究，马克思、恩格斯早在19世纪40年代就已经注意了。他们在1845年—1846年合写的《德意志意识形态》一书中就已经探讨了原始社会的"部落所有制"。但是由于当时历史学对原始社会的认识很不够，因此，1848年《共产党宣言》发表时仍说："到目前为止的一切社会的历史都是阶级斗争的历史。"到1884年恩格斯在《共产党宣言》英文版加注中才指出："确切地说，这是指有文字记载的历史。"往后的几十年中，马克思、恩格斯虽然把主要精力都放在研究资本主义社会和国际无产阶级革命运动的理论和实践上，但仍注意了原始社会的研究。如马克思在1857年—1858年写的《资本主义生产以前各形态》，论述了原始社会的经济特征。在《资本论》中也解决了许多有关原始社会的重要问题。恩格斯在1969年—1870年前半年，对爱尔兰的历史进行了深入的研究，准备写《爱尔兰的历史》一书，材料已经完全准备好了，由于发生了普法战争，诞生了巴黎公社，有更重要的工作要做，就只写了第一章《自然条件》、第二章《古代的爱尔兰》一部分。《家庭、私有制和国家的起源》第七章中论克尔特人的氏族就利用了这些研究成果和材料。

1881年—1882年，恩格斯又写了《论古代日耳曼人的历史》和《法兰克时代》，1881年12月写了《马尔克》一文。

同时，在19世纪中叶以后，考古学、民族学、人类学等学科也积累了大量的资料，取得了显著的成果。其中主要的有：英国历史家格罗脱（1794—1871），在1846年—1856年编著了《希腊史》，其中提供了古希腊人中存在着一些氏族制度和习俗的证据。德国历史家毛勒（1790—1872），先后写了《马克、田庄、村落、都市制度和公共权力的历史导言》《日耳曼领主庄园、农民场院和田庄制度的历史》《日耳曼都市制度的历史》等。这些著作对德国古代和中世纪的社会制度进行了卓越的研究，详细说明了古代日耳曼村社土地所有制的情况，考察了日耳曼国家公共权力从马尔克、村落、田庄及都市原始组织中逐渐产生出来的情形。英国的民族学家累瑟姆（1812—1888）在1859年发表了《叙述民族学》，其中真实地记述了印度马格尔人的族外婚情形，并指出这种制度在古代世界曾普遍流行。英国学者麦克伦南（1827—1881）在1865年发表了《原始婚姻》，也提供了许多民族中存在着氏族制度的材料。

可见，资本主义国家的产生和发展促进了生产力和私有制的迅速发展。与此同时，由于在经济上占统治地位的资本家阶级也在政治上占统治地位，这就导致国家机器始终代表统治阶级的利益，压迫和剥削工人阶级。而马克思和恩格斯在长期的实践斗争中已经看清了当时社会经济生活的问题，以及资本家的本质，现实阶级斗争的需要促使他们写出一本阐述国家起源的书来揭露资产阶级的骗局，并以此武装工人阶级。于是，顺应时代的需要，《家庭、私有制和国家起源》产生了。

第二章 《家庭、私有制和国家的起源》的主要内容

第一节 全书基本观点介绍

《家庭、私有制和国家的起源》包括1884年第一版序言、1891年第四版序言，以及正文九章。在正文中，第一、二章主要根据摩尔根的研究成果，探讨了人类发展的三个阶段及与之相对应的家庭婚姻形态；第三、四、五、六、七、八章分别以易洛魁人、希腊人、罗马人和德意志民族为个案，追溯了氏族组织的特征，以及从氏族向国家演进的历史，由此说明了国家的特征、历史类型、形成方式。第九章是总结部分，系统论述了一系列历史唯物主义基本原理和马克思主义国家理论。

节选部分包括该部著作1884年第一版序言和第九章“野蛮时代和文明时代”的第三、四部分。在《家庭、私有制和国家的起源》1884年第一版序言中，恩格斯介绍了该著作的写作背景，说明马克思生前曾经打算根据唯物主义历史研究所得出的结论来阐述摩尔根的研究成果，而写作《家庭、私有制和国家的起源》这一著作在某种程度上是为了实现马克思的遗愿，以完成马克思未能完成的工作。

在序言中，恩格斯指出在生产力水平低下的原始社会早期，决定人类社会制度的主要因素是血缘因素，联结原始社会人与人之间关系的，主要是血缘纽带，而不是经济纽带。但随着生产力的发展和社会分工的复杂化，社会财富大大增加，阶级对立的基础等新的社会成分日益发展起来，这时的社会制度更多地受劳动的发展阶段和所有制的支配，阶级对立和阶级斗争由此得到发展，并且“构成了直到今日的全部成文史的内容”。第九章节选部分主要是关于国家理论的内容。恩格斯以雅典、罗马和德意志国家产生的历史事实为依据，精辟而又系统地阐述了马克思主义的国家观。

全书主要包括以下几个方面的基本观点。

一、两种生产理论

马克思和恩格斯在《德意志意识形态》一书中已经提出两种生产理论，在《家庭、私有制和国家的起源》第一版序言中，恩格斯进一步完整表述了这一理论，将生活资料的生产和人自身的生产看作是制约人类社会发展的核心要素，由此阐明了人类社会从血缘关系向阶级关系演进的历史条件和社会基础。他指出："根据唯物主义观点，历史中的决定性因素，归根结底是直接生活的生产和再生产。但是，生产本身又有两种。一方面是生活资料，即食物、衣服、住房，以及为此所必需的工具的生产；另一方面是人自身的生产，即种的繁衍。"在生产力水平低下的原始社会早期，决定人类社会制度的主要因素是血缘关系，但随着生产力的发展和社会分工的复杂化，社会制度越来越多地受劳动的发展阶段和所有制的支配。

二、家庭的起源和历史演变

恩格斯采用摩尔根的历史分期方法，将人类历史划分为蒙昧时代、野蛮时代和文明时代，前两个时代又各分为低级、中级和高级三个阶段。恩格斯考察了各个历史时代及其不同发展阶段家庭形式的历史变迁，指出家庭作为经济细胞和社会生活的组织形式之一，不是从来就有的，它的产生、存在和发展受一定的社会经济关系的制约。人类社会的家庭形式随着习俗和生产的发展依次经历了四种形式：血缘家庭、普那路亚家庭、对偶制家庭、专偶制家庭。

三、私有制和阶级的起源

恩格斯以摩尔根发现的北美印第安人部落易洛魁人氏族为依据，运用古代希腊人、古代罗马人、凯尔特人和德意志人氏族的大量历史资料，从三次社会大分工的发生和发展中解析了私有制和阶级产生的原因及其过程。他强调，劳动分工是私有制产生的社会前提，剩余产品的增加是私有制产生的物质前提，劳动个体化的趋势是决定性因素，交换的发展促进了私有制的普遍化。私有制的发展使得社会分裂为阶级。私有制和阶级不是从来就有的，而是社会生产发展到一定阶段的产物，是一种历史范畴，因此，它们的灭亡也是历史的必然。

四、国家的起源和实质

恩格斯认为，国家是一个历史范畴，它不是从来就有的，而是生产力发展导致的第三次社会大分工产生的。人类历史上有三次社会大分工：第一次社会大分工是农业和畜牧业的分离。从第一次社会大分工中产生了第一次社会大分裂，形成了剥削者和被剥削者、主人和奴隶两个阶级。第二次社会大分工是手工业和农业的分离。随着新的分工，社会又有了新的阶级划分，除了自由民和奴隶的差别以外，又出现了富人和穷人的差别，而且使得一夫一妻制的家庭成为社会的经济单位。第三次社会大分工是商业和农牧业的分离和商人阶级的出现。这次社会大分工彻底瓦解了氏族制度赖以存在的前提，国家在氏族制度的废墟上兴起。恩格斯分析和揭示了国家的起源，阐明国家是在社会分工发展、家庭关系发展、私有制和阶级产生、氏族制度瓦解的基础上产生的，并进一步分析和阐述了国家产生的基本形式。由此可见，国家是在私有制和阶级发生与发展的基础上产生的，是阶级矛盾不可调和的产物。恩格斯指出，国家的产生有不同的过程和途径，他以古希腊、古罗马和德意志国家产生的历史过程为事实依据，系统地阐述国家在氏族制度的废墟上产生的三种主要形式：一种是雅典式的形式，国家直接从氏族社会内部发展起来的阶级对立中产生形成，这是国家产生的典型形式；第二种是罗马形式的国家起源，罗马国家是平民和贵族斗争的结果；第三种是德意志人的国家产生途径，即国家是直接从征服广大外部领土中产生的。恩格斯指出了国家的本质，即国家不是从外部强加于社会的一种力量，也不是“伦理观念的现实”，而是社会在一定发展阶段上的产物，是社会分工和私有制演进、阶级和阶级斗争发展的结果。国家本质上是经济上占统治地位的阶级用来镇压和剥削被压迫阶级的工具，尽管国家表现这种本质的形式在不同的历史阶段有所不同，但是，国家作为阶级统治和奴役工具的属性却具有历史一贯性。他强调，国家作为一种历史现象，将随着私有制和阶级的消灭而消亡。

五、关于国家组织的特征

恩格斯指出，国家是在氏族制度瓦解的基础上产生的，但它不是对氏族组织的简单继承，而是与氏族组织有着根本区别的特殊的社会组织。一是国家按地区划分它的国民，按居住地来组织国民，氏族组织则以血缘关系来划分和管理居民；二是国家设立专门的公共权力，迫使被统治阶级服从，这种公共权力以强制力，即以武装的人及其物质的附属物，如监狱和各种强制设施为后盾，这是氏族社会所没有的；三是为了维持这种公共权力，国家需要公民缴纳费用——捐税，甚至发行公债。

六、关于国家的阶级本质

恩格斯指出：“国家是承认：这个社会陷入了不可解决的自我矛盾，分裂为不可调和的对立面而又无力摆脱这些对立面。而为了使这些对立面，这些经济利益互相冲突的阶级，不致在无谓的斗争中把自己和社会消灭，就需要有一种表面上凌驾于社会之上的力量，这种力量应当缓和冲突，把冲突保持在‘秩序’的范围以内；这种从社会中产生但又自居于社会之上并且日益同社会相异化的力量，就是国家。由于国家是从控制阶级对立的需要中产生的，由于它同时又是在这些阶级的冲突中产生的，所以，它照例是最强大的、在经济上占统治地位的阶级的国家，这个阶级借助于国家而在政治上也成为占统治地位的阶级，因而获得了镇压和剥削被压迫阶级的新手段。”恩格斯的这些论述说明，国家的本质包括以下几个基本观点：

第一，国家本质上是阶级统治。国家是社会历史发展到特定阶段的产物，是阶级矛盾不可调和的产物，因此，它是在社会经济关系中占据主导地位的阶级用以实现和维护其统治地位的工具。

第二，国家作为公共利益代表的形式不是其本质。国家在形式上凌驾于社会之上，似乎中立于相互冲突的阶级之外，其面貌是代表公众的利益。但剥削阶级国家作为公共利益代表的形式，总是与其阶级本质相悖的。国家中立于社会之上的形式并不是国家的本质，只是国家的外部特征，隐藏在这种形式背后的，是国家的阶级本质。

第三，国家是统治阶级政治秩序的维护者。在社会历史发展的特定阶段，社会分裂为经济利益相互冲突、不可调和的对立阶级，社会自身既无力摆脱这些阶级对立，又不可能解决这些阶级矛盾。统治阶级为了维护和实现自己的利益，必须缓和这种冲突，努力把它们控制在“秩序”的范围内，这就需要国家这种特殊的公共权力设置，履行统治与缓和、压迫与控制的多重职能。正是在这个意义上，国家充当着缓和阶级对立和冲突、维护统治阶级秩序的特殊工具。

七、关于国家的统治形式

在揭示国家的阶级统治本质的基础上，恩格斯从历史发展的角度，阐明了不同历史发展阶段统治阶级财产状况与政治统治联系的不同方式。恩格斯把进入文明时期以来国家的统治划分为三种类型，一是奴隶制国家，二是中世纪农奴制国家，三是资产阶级国家。这三种国家与历史上的三大奴役形式是相适应的。他强调：“奴隶制是古希腊罗马时代世界所固有的第一个剥削形式；继之而来的是中世纪的农奴制和近代的雇佣劳动制。这就是文明时代的三大时期所特有的三大奴役形式；公开的而近来是隐蔽的奴隶制始终伴随着文明时代。”按照恩格斯的分析，在这三种国家形式中，奴隶制国家和农奴制国家采取的是赤裸裸的统治形式，而资产阶级国家由于阶级斗争的尖锐化，转而采用间接、隐秘的方式来进行统治，包括直接收买官吏，使其变为自己的代理人，政府和交易所结盟，直接通过普选制来进行统治，等等。

八、关于国家的未来消亡

恩格斯指出，随着社会生产力的发展，“阶级不可避免地要消失，正如它们从前不可避免地产生一样。随着阶级的消失，国家也不可避免地要消失。在生产者自由平等的联合体的基础上按新方式来组织生产的社会，将把全部国家机器放到它应该去的地方，即放到古物陈列馆去，同纺车和青铜斧陈列在一起”。这就表明，国家作为一个历史范畴，也将在历史发展过程中趋于消亡。不过，国家的消亡是有条件的，这个条件就是在生产力高度发达的基础上，消灭私有制和阶级。

第二节　原始社会

一、史前各文化阶段

关于原始社会史的分期，在马克思主义的历史科学中，长期以来是按照恩格斯修订过的摩尔根的分期，叫做“史前各文化阶段”（摩尔根提出的是“文化上的诸时代”）。

摩尔根是第一个具有专门知识而尝试给人类的史前史建立一个确定的系统的人。他所提出的分期法，在没有大量增加的资料认为需要改变以前，无疑依旧是有效的。摩尔根根据生活资料的进步，将人类文明史分为三个主要时期。在三个主要时代——蒙昧时代、野蛮时代和文明时代中，不需说，他所研究的只是前两个时代和向第三个时代的过渡。他根据生活资料生产的进步，又把这两个时代中的每一时代分为低级阶段、中级阶段和高级阶段，因为他说：“这一生产上的技能，对于人类的优越程度和支配自然的程度具有决定的意义；一切生物之中，只有人类达到了几乎绝对控制食物生产的地步。人类进步的一切大的时代，是跟生活来源扩充的各时代多少直接相符合的。”家庭的发展与此并行，只不过这一发展对于时期的划分没有提供这样显著的标志罢了。

（一）蒙昧时代——低级阶段

这是人类的童年。人还住在自己最初居住的地方，即住在热带的或亚热带的森林中。他们至少有一部分住在树上，只有这样才可以说明，为什么他们在大猛兽中间还能生存。他们以果实、坚果、根作为食物，音节清晰的语言的产生是这一时期的主要成就。在有史时期所知道的一切民族中，已经没有一个是处在这种原始状态的了。虽然这一状态大概延续了好几千年之久，但我们却不能根据直接的证据去证明它；不过，我们既然承认人是起源于动物界的，那么，我们就不能不承认这种过渡状态了。

在这一时期，人类还在热带或亚热带森林里生活，以果实、坚果、根作食物和音节清晰的语言的产生是该阶段的主要成就。

（二）蒙昧时代——中级阶段

蒙昧时代的中级阶段从人类采用鱼类（我们把虾类、贝壳类及其他水栖动物都算在内）作为食物和使用火开始。这两者是互相联系着的，因为鱼类食物只有用火才能做成完全可吃的东西。而自从有了这种新的食物以后，人们便不受气候和地域的限制了。他们沿着河流和海岸，甚至在蒙昧状态中也可以散布在大部分地面上。石器时代早期的粗制的、未加磨制的石器，即所谓旧石器时代的石器（这些石器完全属于或大部分属于这一阶段）遍布于各大洲，就是这种迁徙的证据。新移居的地带，以及不断活跃的探索欲，加上掌握了摩擦取火的本领，就提供了新的食物，这就是在热灰或烧穴（地灶）中煨烤的淀粉质的根和块茎，以及随着最初武器即棍棒和标枪的发明而间或取得的附加食物——猎物。像书籍中所描写的纯粹的打猎民族，即专靠打猎为生的民族，从未有过，靠猎物来维持生活，是极其靠不住的。由于食物来源经常没有保证，在这个阶段上大概发生了食人之风，此后这种风气保持颇久。

（三）蒙昧时代——高级阶段

蒙昧时代的高级阶段从弓箭的发明开始。由于有了弓箭，猎物便成了通常的食物，而打猎也成了常规的劳动部门之一。弓、弦、箭已经是很复杂的工具，发明这些工具需要有长期积累的经验和较发达的智力，因而也要同时熟悉其他许多发明。如果把已经知道弓箭但还不知道制陶术（摩尔根认为向野蛮时代过渡就是从制陶术开始）的各民族，彼此对照一下，我们的确就可以看到，已经有定居而成村落的某些萌芽，以及对生活资料生产的某种程度的掌握，如：木制的容器和用具，用韧皮纤维做成的手工织物（没有织机），用韧皮或芦苇编成的篮子，以及磨制的（新石器时代的）石器。通常，人已经能够使用火和石斧制造独木舟，有的地方人已经能够用方木和木板来建筑房屋了。例如，在美洲西北部的印第安人中间，我们就可以看到这一切进步，这些印第安人虽然已经使用弓和箭，但还不知道制陶术。弓箭对于蒙昧时代，正如铁剑对于野蛮时代和火器对于文明时代一样，乃是决定性的武器。

（四）野蛮时代——低级阶段

野蛮时代的低级阶段从人类学会制陶术开始。可以证明，在许多地方，也许是在一切地方，陶器的制造都是由于在编制的或木制的容器上涂上粘土使之能够耐火而产生的。不久人们便发现，成型的粘土不要内部的容器，同样可以使用。

在此以前，我们可以把发展过程看作适用于一定时期的一切民族，不管他们所生活的地域如何。但是，随着野蛮时代的到来，两个大陆的自然条件上的差异，就有了意义。野蛮时代的特有的标志，是动物的驯养、繁殖和植物的种植。

东大陆，即所谓旧大陆，差不多有着一切适于驯养的动物和除玉蜀黍以外一切适于种植的谷物。而西大陆，即美洲，在一切适于驯养的哺乳动物中，只有羊驼一种，并且只是在南部某些地方才有。而在一切可种植的谷物中，也只有一种，但是最好的一种，即玉蜀黍。由于这种自然条件的差异，两个半球上的居民从此以后便各自循着自己独特的道路发展，在两个半球上表示各个阶段的界标也就因此各不相同了。

（五）野蛮时代——中级阶段

在东大陆，野蛮时代的中级阶段是从驯养家畜开始的；在西大陆，是靠灌溉栽培食用植物以及在建筑上使用土坯（即用阳光晒干的砖）和石头开始的。

我们先从西大陆说起，因为在这里，在被欧洲人征服以前，不论什么地方，都还没有越过这个阶段。

处于野蛮时代低级阶段的印第安人（凡是在密西西比河以东看到的都属于这种印第安人），当他们被发现的时候，已经知道在园圃里种植玉蜀黍的方法，可能还有南瓜、甜瓜及其他园圃植物的某种方法，这些东西构成他们食物的极为重要的部分。他们住在木造的房子里，村落用木栅围起来。

西北各部落，特别是住在哥伦比亚河流域的各部落，尚处于蒙昧时代的高级阶段，他们既不知道制陶术，也不知道任何植物的种植。反之，新墨西哥的所谓普韦布洛印第安人，以及墨西哥人、中美洲人和秘鲁人，当他们被征服时，已经处于野蛮时代的中级阶段：他们住的房屋是用土坯或石头造成的，类似城堡，并且在人工灌溉的园圃内种植玉蜀黍和其他各种依所住地区和气候而不同的食用植物，这些东西是他们食物的主要来源，他们甚至已经驯养了某几种动物，墨西哥人饲养火鸡及其他禽类，秘鲁人饲养羊驼。而且，他们还知道了金属的加工——唯有铁除外，因此他们仍然不得不使用石制的武器和工具。西班牙人的征服打断了他们进一步的独立发展。

在东大陆，野蛮时代的中级阶段是从驯养供给乳和肉的动物开始的，而植物的种植，在这里似乎直到这一时期的晚期还不为人所知。牲畜的驯养和繁殖以及较大规模的畜群的形成，看来是使雅利安人和闪米特人从其余的野蛮人群中分离出来的原因。在欧亚两洲的雅利安人中间，家畜的名称还是共通的，而栽培植物的名称却几乎完全不同。

畜群的形成，在适于畜牧的地方开始了游牧生活：闪米特人在幼发拉底河和底格里斯河的草原上，雅利安人在印度、奥克苏斯河、顿河和第聂伯河的草原上。动物的驯养，最初大概是在这种牧区的边缘上实行的。因此，后人便以为游牧民族起源于这样一些地方。这种地方根本不会是人类的摇篮，相反，对于人类的祖先蒙昧人，甚至对于野蛮时代低级阶段的人，都几乎是不适于居住的。反之，一旦这些处于中级阶段的野蛮人习惯了游牧生活以后，就永远不会想从水草丰美的沿河平原自愿回到他们的祖先居住过的林区去了。甚至当闪米特人和雅利安人继续被挤向北部和西部的时候，要不是他们已经能够通过谷物的种植在亚洲西部和欧洲的森林地带这种不大适宜的土壤上养活他们的牲畜，特别是在这里过冬，他们也是不会移居这里的。很有可能谷物的种植在这里起初是由牲畜饲料的需要引起的，只是到了后来才成为人类食物的重要来源。

雅利安人和闪米特人这两个种族的卓越发展，或许应归功于他们的丰富的肉乳食物，特别是这种食物对于儿童发育的有利影响。的确，不得不以植物为主要食物的新墨西哥的普韦布洛印第安人，他们的脑子比那些处于野蛮时代低级阶段而吃肉类和鱼类较多的印第安人的脑子要小些。不管怎样，在这个阶段上，食人之风正在逐渐消失，仅仅当作一种宗教活动或巫术（在当时差不多是一回事）而保存着。

（六）野蛮时代——高级阶段

野蛮时代的高级阶段从铁矿石的冶炼开始，并由于拼音文字的发明及其应用于文献记录而过渡到文明时代。前面已经说过，这一阶段只有东半球才独立经历过，其生产的进步要比过去一切阶段的总和还要来得丰富。英雄时代的古希腊人、古罗马建立前不久的各意大利部落、塔西佗时代的德意志人、海盗时代的诺曼人，都属于这个阶段。

首先，在这里初次看到了带有铁铧的用牲畜拉的犁。有犁以后，人类大规模耕种土地，即进行田野农业，从而生活资料在当时条件下无限制地增加便有可能了；从而也能够清除森林使之变为耕地和牧场了，这一点，如果没有铁斧和铁锹，也不可能大规模进行。但这样一来，人口也开始迅速增长起来，稠密地聚居在不大的地域内。而在田野农业产生以前，除非有极其特殊的条件才能把50万人联合在一个统一的中央领导之下，这样的事之前大概从来没有过。

野蛮时代高级阶段的全盛时期，在荷马的诗中，特别是在《伊利亚特》中可以看到。发达的铁制工具、风箱、手磨、陶工的辘轳、榨油和酿酒、成为手工艺的发达的金属加工、货车和战车、用方木和木板造船、作为艺术的建筑术的萌芽、由设塔楼和雉堞的城墙围绕起来的城市、荷马的史诗以及全部神话——这就是希腊人由野蛮时代进入文明时代的主要遗产。如果我们把凯撒，甚至塔西佗对日耳曼人的记述跟这些成就作一比较，便可看出，野蛮时代高级阶段在生产的发展上已取得丰富的成就，那时日耳曼人尚处在这个文化阶段的初期，而荷马时代的希腊人，已经准备由这个文化阶段过渡到更高的阶段了。

总之，可以把摩尔根的分期概括如下：蒙昧时代是以获取现成的天然产物为主的时期，人工产品主要是用作获取天然产物的辅助工具。野蛮时代是学会畜牧和农耕的时期，是学会靠人的活动来增加天然产物生产的方法的时期。文明时代是学会对天然产物进一步加工的时期，是真正的工业和艺术的时期。

二、氏族制度

由于氏族制度与史前各文化阶段和婚姻家庭制度的密切联系，因此有必要在此讨论氏族制度的产生和发展。但氏族制度其实是在普那路亚家族的基础上产生的。

在19世纪中叶以前，人们对于原始社会的社会组织几乎一无所知。摩尔根通过研究印第安人各部落和希腊、罗马等民族的古代史，描述了原始社会的氏族制度，说明它存在的普遍性，母系氏族先于父系氏族，氏族制度发展的结果必然产生它本身的对立物——政治社会，即国家。

在摩尔根的研究基础上，恩格斯补充了他自己研究的新资料，而更重要的是他揭示了原始社会氏族制度发生、发展和灭亡的规律，阐述了马克思主义的国家起源理论。

恩格斯以敏锐的目光看到了摩尔根关于氏族制度的理论“是使整个关于原始社会的科学发生了革命的一个发现”，指出“这一卓越发现把这种原始共产主义社会的内部组织的典型形式揭示出来了”。这便“一下子说明了古代希腊、罗马上古史中最困难的地方，同时，出乎意料地给我们阐明了国家产生以前原始时代社会制度的基本特征”。《家庭、私有制和国家的起源》中明确地指出，氏族“是一切野蛮人所共有的制度”，是“野蛮民族的社会制度的基础”。恩格斯在确定了氏族制度是原始时代社会制度的基础之后，就用“原始氏族社会”代替了先前马克思提出的“亚细亚生产方式”这个过于广泛的概念，以专指阶级社会以前的社会形态。这一概念的出现，使原始社会各种现象均有了科学的解释。

这一阶段氏族是社会的基本组织。马克思说：“在氏族社会组织中，氏族是基本组织，它既是社会体制的基础，也是社会体制的单位。”氏族社会较长时期是母系氏族公社。随着生产力的发展，母系氏族公社逐步转变为父系氏族公社。母系氏族转变为父系氏族是原始社会最重大的变革之一。恩格斯说：“母权制的被推翻，乃是女性的具有世界历史意义的失败。”

关于氏族产生以前的情况，《家庭、私有制和国家的起源》第四版有两大段很重要的补充论述，指出在蒙昧时代低级阶段，有一个从猿到人的过渡状态，即正在形成中的人的时期，这时的原始人类依靠群的联合力量和集体行动来弥补个体自卫能力的不足，并以此使自己在发展中脱离动物状态。现在学者们认为，20世纪所发现的腊玛古猿和南方古猿，可能与这一阶段的“群”相适应，有些学者主张称之为“原始群”，群内实行杂交。恩格斯所说的“随着完全形成的人的出现而产生了新的因素——社会”，完全形成的人是从直立人时期开始的。这一时期人们在共同生活的集团内实行血缘婚，这个共同生活的集团，是家庭的第一个阶段，也是人类第一种社会组织形式。

《家庭、私有制和国家的起源》论述了氏族的产生，氏族是由外婚制群婚引起的，氏族内部禁止通婚是氏族的根本规则。氏族一产生就是母系，而不是父系，因为，“共产制家庭经济意味着妇女在家庭内的统治”，而且在群婚的情况下，父亲的世系不能确定，只能从母亲方面确定，所以只能承认母系。最早的氏族只能是同一个女祖先的若干代女系子孙所组成的血缘集团。自从一切兄弟和姊妹间甚至母方最远的旁系亲属间的性交关系的禁例确立，就形成了由一群姊妹连同她们的子女，以及她们母方的同胞兄弟和血统较远的兄弟所组成的集团，这就是氏族。氏族是社会的经济单位。母系制先于父系制的观点，是瑞士学者巴霍芬首先提出来的，但在这个问题上提供出新的决定性材料的仍然是摩尔根。恩格斯对这个发现的重要意义作了充分的估价，认为“确定原始的母权制氏族是一切文明民族的父权制氏族以前的阶段的这个重新发现，对于原始历史所具有的意义，正如达尔文的进化理论对于生物学和马克思的剩余价值论对于政治经济学的意义一样。这样就在原始历史的研究方面开辟了一个新时代。母权制氏族成了整个这门科学所围着旋转的轴心”。摩尔根所搜集的大量资料为说明由母系制发展到父系制提供了无可争辩的证据，但对这一转变的经济原因讲得很含糊，而且在说明这个问题时，也如同说明其他问题一样，往往把带结论性的观点寓于例证的冗长叙述之中，不能给人明确的概念。无怪乎恩格斯说他的书尽管“内容如此丰富，但写得如此糟糕”。恩格斯明确地指出，由于生产力的发展、财富的增加，财产开始成为私有，男子掌握了谋取生活资料的手段，成为财富的所有者，他们要把财产传给确实属于自己的子女。私有制的产生成为新的、社会的动力，促使父权制推翻母权制的革命——人类所经历过的最激进的革命之一——的发生。同时，也产生了新的家庭形式，这样就把问题的关键和实质点出来了。《家庭、私有制和国家的起源》提到了许多处于父系氏族制时期的民族保留母系制残余的事实，也为母系制先于父系制提供了佐证。《家庭、私有制和国家的起源》所揭示的从母系氏族制发展到父系氏族制的普遍规律，已被民族学、历史学、考古学等学科的大量研究资料所证实。西方一些学者反对这个理论，但所持理由驳不倒《家庭、私有制和国家的起源》在一百年前所提出的论证。

关于父系氏族制时期的家族公社，《家庭、私有制和国家的起源》第一版根据摩尔根的提法，说它的主要标志一是把非自由人包括在家庭以内，一是父权。后来恩格斯研究了俄国学者科瓦列夫斯基1890年出版的《家庭及所有制的起源和发展概论》，在第四版对这个问题作了重要的补充论述。他称赞科瓦列夫斯基所提出的父系家族公社是对偶家庭向一夫一妻制家庭的过渡阶段的结论是一个重要的发现。父系家族公社既是家庭形式，也是社会组织形式。父系氏族公社时期，社会的经济单位实际上已不是氏族，而是家族公社。

家族公社由一个男性家长传下来的几代人或几个个体家庭构成，实行土地的共同占有和共同耕作，公社的管理还具有民主作风。这种家族公社在各大洲都有存在。《家庭、私有制和国家的起源》虽然没有确切地说明这种家族公社与包括非自由人在内的家族公社的不同点，但表明它们是有区别的。近几十年的研究成果说明，两者可能是不同的类型或在发展上有先后的关系。恩格斯根据摩尔根和他自己的资料，详细地叙述了氏族制度的全部组织结构。通过易洛魁人母系氏族社会的氏族、胞族、部落和部落联盟的一系列有机结构，说明全盛时期的氏族制度。古希腊、古罗马的父系氏族制度在组织结构上与此相仿。每一层组织都有自己的特征和职能。可以看到氏族制度有两个显著特点。第一个特点是，它按血缘关系形成，这是在当时生产极不发达的社会条件下自然长成的结构。“氏族一旦成为社会单位，那么差不多以不可克服的必然性（因为这是极其自然的）从这种单位中发展出氏族、胞族及部落的全部组织。这三种集团代表着不同程度的血缘亲属关系。”作为原始时代社会制度核心的氏族组织以血缘关系为基础，“亲属关系在一切蒙昧民族和野蛮民族的社会制度中起着决定作用”也是在这个意义上说的，这充分说明原始社会的社会制度在很大程度上受血缘关系的支配。恩格斯告诉我们：“原始状态的标志不是粗野，而是部落古老的血缘关系保留的程度。因此，从这个或那个部落的一些个别现象作出某些结论之前，首先必须确定每一个个别场合下的这种关系。”这个深刻的概括对于原始社会史研究有着重要的指导意义。氏族制度的第二个特点是，生活于其下的全体成员依靠氏族组织管理全部公共事务，成员的自动武装组织担负抵御外侮的责任，“没有军队、宪兵和警察，没有贵族、国王、总督、地方官和法官，没有监狱，没有诉讼，而一切都是有条有理的”。《家庭、私有制和国家的起源》在描绘了这种单纯质朴的氏族制度之后，指出了氏族制度的伟大，同时也是它的局限所在。

母系氏族公社向父系氏族公社的转变是生产力发展的结果。在新石器时代晚期和金石并用时期，畜牧业发展起来了。家畜等新的财富最初归氏族所有，但不久就成了私有财产。“这些财产，一旦转归各个家庭私有并且迅速增加起来，就给了以对偶婚和母权制氏族为基础的社会一个有力的打击。由于畜牧业的发展和锄耕农业向犁耕农业的过渡，过去妇女在锄耕农业中的优越地位逐渐被男子在畜牧业和犁耕农业中的优越地位所代替。到了这时，妇女就限于家务劳动。”

财富的增加和男女经济地位的变化，必然引起财产继承制度的变化。在母系氏族公社中是严格规定财产留在氏族里，但是后来，当财富转归各个家庭私有以后，当家庭中生身的父亲的身份也确立以后，男子成为牲畜、奴隶的占有者，他自然希望将来把财产传给自己的子女。社会经济的发展，要求一种新的氏族组织来代替母系氏族。因此，父系氏族就应运而生了。

母权制转变为父权制是通过逐步过渡的形式实现的。摩尔根说：“在血婚制和伙婚制家族中，父权既不为人所知，也不可能产生；在偶婚制家族中，它开始作为一种微弱的势力出现，但随着家族愈来愈个体化，它在稳步地向前发展，最后在能够确认出孩子的父亲身份的专偶婚下完全确立了父权。”恩格斯也指出，废除母权制“这并不像我们现在所想象的那样困难，因为这一革命——人类所经历过的最激进的革命之一，并不需要侵害到任何一个活着的氏族成员。氏族的全体成员都仍然能够保留下来，和以前一样”。这场革命不会侵害到任何一个氏族成员，也就是说不存在敌对社会势力的斗争，因而是通过逐步过渡的形式来实现这个转变的。

在母权制下，对偶婚最初是实行妻方居住，以后在仍然实行妻方居住的情况下，为确立父权，男子就开始以自己的姓氏来命家族名，继而用来命子女名，从而打破了以女子的氏族名来命家族名和子女名这条传统的母权制原则。

随着男子经济地位的不断增强，男子就不再实行妻方居住，而是把妻子娶到自己的氏族中来，即实行夫方居住。与此同时，对偶婚逐步过渡到一夫一妻制。这样按照父亲血统来计算和确认子女的财产继承权终因妻方居住被夫方居住所否定而日益确立起来。马克思认为，母权制向父权制的过渡，“一般说来，这似乎是一个十分自然的过渡”。

第三节　家庭

全书第二章专门探讨个体家庭的起源，占全书正文的三分之一篇幅。作者在这一章使用的方法和资料，基本都是摩尔根的。例如婚姻家族发展阶段的划分，以及通过亲属制度追溯婚姻家族历史形态等。

一、家庭的起源和演变

摩尔根是根据亲属制考察历史上婚姻家族形态的发明人，恩格斯完全肯定，并精辟解释道，亲属称谓并不是一些空洞的名称，而是实际上流行的对血缘亲属关系的亲疏和辈分的观点的表达。

恩格斯根据摩尔根首次绘出的家庭史的略图及其大量的、可靠的实际材料，在《家庭、私有制和国家的起源》中科学地分析了原始时代的婚姻、家庭关系，揭示了氏族的产生、发展和解体的历史过程。在原始社会的最初阶段，无所谓家庭，也无所谓婚姻，人们处于毫无限制的杂乱性交关系中。没有家庭，也就没有家庭经济，那时人们过着集体的群居生活。恩格斯说，原始人的杂乱的性关系，并不是说在他们的日常实践中必然是乱得毫无秩序。所谓杂乱，是说后来由习俗所规定的那些限制那时还不存在。

恩格斯沿用摩尔根的历史分期方法，将人类历史划分为蒙昧时代、野蛮时代和文明时代，每个时代又分为低级、中级和高级三个阶段，考察了各个历史时代及其不同的发展阶段上家庭形式的历史变迁。恩格斯肯定了摩尔根把家庭关系当作一个历史的范畴来考察，同时更为深刻地指出家庭作为经济细胞和社会生活的组织形式之一，它的产生、存在和发展又是受一定的社会经济关系所制约的。在这一思想的指导下，恩格斯深入考察了史前人类社会发展的过程，发现婚姻家庭不是从来就有的，而是人类两性间的性生活受到风俗及规定的某种限制的时候才产生的，归根结底也是由于生产发展到一定阶段才出现的。恩格斯考察了随着习俗和生产的发展而发展的婚姻、家庭依次更替的四种形式。

恩格斯在批评麦克伦南（J·F·Mclennan，1827—1881）对亲属制采取含糊不清的态度后，又对它的功能作了说明：父亲、子女、兄弟、姊妹等称谓，并不是单纯的荣誉称号，而是代表着完全确定的、异常郑重的相互义务，这些义务的总和构成这些民族的社会制度的实质部分。这里讲的社会制度即婚姻家庭制度，因为远古时代的社会制度与婚姻家族制度是合一的，既是社会组织，也是一种婚姻家族实体，直到私有制产生后，两者才发生明显分裂，婚姻家庭缩小为社会细胞，而社会乃是这些无数细胞组合而成的机体。然而，亲属制与婚姻家族制却并非同一，亲属制总是落后于婚姻家族制，当家族继续发展的时候，亲属制度却僵化起来；当后者以习惯的方式继续存在的时候，家族却已经超过它了。如同已消失的婚姻家族的化石，人们可以根据亲属制来研究并断定历史上曾经存在过的婚姻家族模样。恩格斯完全采用摩尔根的婚姻家族史分期法，并赞同摩尔根认为婚姻家族产生之前有一个“杂乱性交”阶段（现在民族学界称为“杂交”），以此驳斥芬兰社会学家韦斯特马克（E·Westermark，1861—1939）在人类婚姻史中提出一夫一妻制是自人类产生以来就具有的婚姻和家庭形式的观点。恩格斯认为，杂乱性交乃是与“动物状态向人类状态的过渡相适应”。这种杂交不能算婚姻家族，直到进化成直立猿人，才开始有婚姻家族和社会。对此，《家庭、私有制和国家的起源》说道：“按照摩尔根的意见，从这种杂乱的性关系的原始状态中，大概很早就发展出了以下几种家族形式。”这就是人类婚姻家族四个形态及其发展序列。

（一）血缘婚家族

血缘婚家族，也称为血缘家庭，是摩尔根对夏威夷人和洛图马人亲属制研究后发现的。恩格斯说：夏威夷的亲属制度使我们不能不承认这一点，因为它所表现的血缘亲属等级只有在这种家族形式之下才能产生。这种婚姻形态最原始，大概产生于蒙昧时代低级阶段的直立猿人，当时还未有性别分工，狩猎采集结合于一体，生产活动按年龄分群进行，一群人在一起生产和多半时间在一起生活，乃是产生群内通婚的一种必然条件。同一年龄段的诸成员结成生产群体，就是所谓的“辈分”或“范畴”。其婚姻特点是按范畴来划分婚姻集团，在一个家族内，摩尔根和马克思将其划分为五个范畴，即祖、父、已、子和孙，恩格斯在“起源”一书中划分为四个范畴，即祖、父、已和子。不论多少范畴，每一范畴都是年龄相近的男女，《家庭、私有制和国家的起源》称他们是同胞兄弟和姊妹，属于一个通婚圈子。这种通婚关系，排除了父母和子女之间的通婚，是实行同胞兄弟姊妹通婚的一种婚姻家族制度，这种亲属制摩尔根取名“马来式亲属制”。我国云南省基诺族解放前还实行马来式亲属制，不少民族的传说也有描述兄弟姊妹通婚的内容。

（二）普那路亚家族

“普那路亚”是夏威夷人语，即伙伴之意，有的著作称此婚为“伙婚”。《家庭、私有制和国家的起源》根据夏威夷人资料研究此家族形态。血缘婚进化为普那路亚婚，它提到两个动因：第一是自然选择的作用。当人们发现近亲通婚的诸多弊端后，家族内部的通婚便渐渐受到禁止。恩格斯说：“不容置疑，凡近亲繁殖因这一进步而受到限制的部落，其发展一定要比那些依然把兄弟姊妹婚姻当作惯例和规定的部落更加迅速，更加完全。”因为实行家族外婚对体质有强壮和进步的明显作用，原始人遂逐渐推广起来。第二是生产力的发展。此时原始人已使用弓箭，猎物成了日常食物，可用皮毛为衣，大大促进人类本身的变化，人口比以前增加了，当时即旧石器晚期，全球有人口约300万人，同以前比较，每1000年增长8%。由于以上两个原因，使一些人口较多的血缘婚家族分裂成较小的家族公社，开始在家族内部禁婚，形成外婚集团。这种外婚集团的组成是，一列或者数列姊妹成为一个公社的核心，而她们的同胞兄弟则成为另一个公社的核心，摩尔根称之为“普那路亚的家族形式”。这是走出血缘婚家族的第一步。这种形式后来又有一系列变种，它的主要特征是一定的家族范围内相互的共夫和共妻，不过，妻子的兄弟（起初是同胞，以后更及于血统较远的）被排除在这个家族范围以外，另一方面也把丈夫的姊妹排除在外。《家庭、私有制和国家的起源》指出，一个普那路亚家族就是一个氏族，并说：“看来，氏族制度，在绝大多数情况下，都是从普那路亚家族中直接发生的。”

当然，世界各民族也还有另外形式的外婚制，如澳大利亚的结婚等级。对此，《家庭、私有制和国家的起源》说道：“澳大利亚的级别制度也可以成为产生氏族的出发点；澳大利亚人有氏族，但他们还没有普那路亚家族，而只有比较粗陋的群婚形式。”所谓“澳大利亚的级别制度”是：一个部落分为两群人，即两个婚级，一个婚级又分为男女两个性级，同一婚级的男女禁婚，两个婚级的男女则是生来的夫妻。这样的婚级因实行外婚制，所以恩格斯说澳大利亚的婚级也是产生氏族制度的出发点。

（三）对偶制家庭

《家庭、私有制和国家的起源》根据易洛魁人资料指出："对偶制家庭产生于蒙昧时代和野蛮时代交替的时期，大部分是在蒙昧时代高级阶段，有些地方刚刚达到野蛮时代低级阶段。这是野蛮时代所特有的家庭形式。"对偶制家庭是一对男女组成的并不稳定的家庭，若干个甚至几十个对偶制家庭组成一个母系大家族。母系大家族之上是氏族，易洛魁人的"长屋"就是一个母系大家族的住宅，一排长屋内隔成许多小房间，一个房间有一个火塘，住一个对偶制家庭。对偶制家庭的婚姻是群婚后期向单偶婚过渡的一种家庭形态，是个体家庭的萌芽。但对偶婚却早已存在，《家庭、私有制和国家的起源》明确说过，"某种或长或短时期内的成对配偶制，在群婚制度下，或者更早的时候，就已经发生了"，但不能称为对偶制家庭。

普那路亚家族发展成对偶制家庭的主要条件也是由于生产力的进步，即由物质条件引起的。不过《家庭、私有制和国家的起源》没有具体讲述其内容，只讲到易洛魁人的财产如工具、日用器皿、粮食、战利品等为家族公有，个人财产一般只限于身上所携带的那一部分，如衣服、装饰品等。每个对偶制家庭轮流做饭，然后由女族长均分给每个家庭。由于实行大家族公有，对偶制家庭并没有自己的经济基础，因而很不稳定。其主要特点有三：第一，氏族或母系大家族的男个体与另一氏族或母系大家族的女个体通婚，形成许多容易结合同时容易离散的对偶关系，子女仍属女方氏族。易洛魁人的婚姻和纳西族“阿注婚”即是。纳西族有固定配偶和临时配偶两种，前者数年，后者数日不等，有的人除了固定配偶外，还有一两个临时配偶。第二，通婚范围逐渐缩小。在易洛魁人中，凡为他们所承认的亲属都不能通婚，禁婚规范达数百种；纳西族是同一个母系家族的人禁婚，三代以后可通婚。第三，夫妻关系很不牢固，男女都可以主动提出离异，又另寻配偶，有的人一生离合十几次，甚至几十次之多。

《家庭、私有制和国家的起源》还讲到印度和西藏的多夫制，恩格斯认为这是群婚的一种特殊形式，“男子过着多妻制的生活，而妇女则过着多夫制的生活”。它无疑也是一种对偶婚。社会发展到野蛮时代高级阶段时，生产力有了显著的发展。在畜牧地区，人们开始把畜群据为己有，饲养牲畜成为男人的事情。宜农地区的一些民族，原来主要由妇女劳动的锄耕农业，发展为主要由男子劳动的犁耕农业。财富增加了，在这种情况下，男子成为生产资料的所有者，妇女开始转入家务劳动。男子为了把属于自己的这些财产传给自己的子女，就要求可以判断自己的子女是亲生的，而且必须属于自己的氏族，世系必须按父权制来确定，这就发生了父权制代替母权制的转变。恩格斯认为这个转变很简单，只要有一个简单的决定，规定以后氏族男性成员的子女应该留在本氏族内，而女性成员的子女应该离开本氏族，转到他们父亲的氏族中去就行了。这样就废除了按女系计算世系的办法和母系继承权，确立了按男系计算世系的办法和父系的继承权。《家庭、私有制和国家的起源》根据肖尼人、迈阿密人和德拉韦人资料，认为是通过按父系氏族给子女取名字来达到此目的的。可是从现代民族学资料看，母系转为父系继承权所经历的过程是相当复杂和漫长的。纳西族实行阿注婚地区，有少数双系大家族，即在一个家族内，分男娶和女不嫁两半边，结果男子所生子女属男方，开始建立父系家族，其姊妹所生子女属女方，保持原有的母系家庭。两半边分属父系和母系两个家族，有的经过好几代人之后完全转变为父系大家族，但也有倒退到母系大家族去的。由母系家族转变为父系家族，便是父系氏族，建立家长制家庭公社，个体家庭由此得到巩固，开始了专偶制家庭的历史。

（四）专偶制家庭

专偶制家庭主要特点有三：第一，建立在私有制经济基础之上；第二，是男子居于统治地位的固定配偶关系；第三，个体婚与杂婚并存，所谓专偶制仅是对妇女的要求，男子纳妾不受追究。它是人类婚姻家族发展的第四个形态，与文明时代相适应。专偶制的历程一般分为三个阶段：

第一阶段，古典专偶制家庭。刚从对偶婚发展而来，经济基础是私有制，丈夫是一家之长，多以女奴为妾，妻子地位低下，职责是生育子女和做家务。《家庭、私有制和国家的起源》说："在历史上出现的最初的阶级对立，是同个体婚制下的夫妻间的对抗的发展同时发生的，而最初的阶级压迫是同男性对女性的压迫同时发生的。"由此萌生了阶级和阶级压迫。

第二阶段，现代专偶制家庭。虽然法律上也承认男女平等和婚姻自由，但对违法者并不过问和追究。《家庭、私有制和国家的起源》说，在资产阶级中间，“婚姻都是由双方的阶级地位来决定的，因此总是权衡利害的婚姻。这种权衡利害的婚姻，在两种场合都往往变为最粗鄙的卖淫——有时是双方的，而以妻子为最通常”。无产阶级无财产可以继承，在家庭中男子没有统治妻子的经济基础，妻子通常也参加社会生产，和丈夫一样有收入供养自己，能与丈夫享有平等地位。《家庭、私有制和国家的起源》认为，只有在无产阶级中间，“性爱才成为并且也才可能成为对妇女的关系的常规，不管这种关系是否为官方所认可”。可是，由于无产阶级的贫困地位，生计没有保障，卖淫和通奸现象也常有发生。这样就决定了“专偶制的经常伴侣——淫游和通奸”难以克服。

第三阶段，真正的专偶制家庭。历史上专偶制家庭之弊归因于妇女在经济上受压迫的地位。要克服其弊，必须彻底废除不平等的经济基础，妇女必须像男子一样参加社会生产和社会活动，以及在法律上确保男女享有一切平等权利。具备这些条件，人们才能享受到结婚的充分自由，实现真正的专偶制家庭。

以上就是《家庭、私有制和国家的起源》阐明的人类婚姻家族发展的全过程。“这样，我们便有了三种主要的婚姻形式，这三种婚姻形式大体上与人类发展的三个主要阶段相适应。群婚制是与蒙昧时代相适应的，对偶婚制是与野蛮时代相适应的，以通奸和卖淫为补充的专偶制是与文明时代相适应的。在野蛮时代高级阶段，在对偶婚制和专偶制之间，插入了男子对女奴隶的统治和多妻制。”即是说，人类史有三种婚姻形态——群婚、对偶婚和专偶制婚，四种家族（家庭）形态——血缘婚家族、普那路亚家族、母系大家族和个体家庭。其中在母系大家族向个体家庭的过渡中经历了长期的父系大家族。这就是《家庭、私有制和国家的起源》所阐明的个体家庭的起源。

二、家庭的发展

大量鲜活的社会现实告诉我们，现代婚姻家庭的困惑毫无疑问是存在着的。上文说过，一夫一妻制的起源并不是个人性爱的结果，它同个人性爱没有任何关系。它的产生不是以自然条件为基础，而是以经济条件为基础的。本质上来说，这种婚姻形式仍然是权衡利害的婚姻。因此从一开始，这种婚姻形式就意味着一种负担，一种必须履行的义务——“丈夫在家庭中居于统治地位，以及生育只可能是他自己的并且应当能够继承他的财产的子女”。固然，后来随着社会的发展，随着妇女经济地位的提高及其在家庭中地位的提升，一夫一妻制婚姻的内涵不再具有或是不再仅仅具有这种最初的负担和义务，但是，毫无疑问，一夫一妻制婚姻对于双方当事人来说，更多的仍然是义务和负担，只是这种义务和负担具有了更为丰富的现代意义罢了。从这里开始，问题要从两个方面进行分析。

第一，既然一夫一妻制婚姻形式的起源是以经济条件为基础的，意味着一种必须履行的责任和义务，那么婚姻中的双方当事人就不应该逃避担负责任和履行义务，更不应该由此而抱怨婚姻。现代婚姻的意义确实是一种契约形式，现代人也拥有选择订立或是不订立契约的自由，同时订立了契约之后还有解除的自由，但是，所有这些自由却丝毫没有消除或解除一夫一妻制婚姻本身所赋有的责任和义务。因此，现代人在订立婚姻契约之前，就必须慎重，要充分考虑到婚姻所需要承担的责任和义务，并充分考虑自己的承受能力和履行能力。在现代社会中，这个能力已经不仅仅是经济的能力，还有心理的承受能力、感情的承受能力、外界压力和影响的承受能力，等等。而一旦订立婚姻契约，就不可以逃避婚姻所赋予的责任和义务；如果逃避这些，也就是逃避了婚姻，婚姻也就失去了存在的意义，因为从一开始，婚姻和责任、义务就是共生的。

第二，相比于一夫一妻制婚姻最初的责任和义务仅仅是丈夫在家庭中居于统治地位，以及生育只可能是他自己的并且应当能够继承他的财产的子女，现代人则赋予了婚姻更多的责任和负担。比如保持爱情鲜活不败，比如维持夫妻恩爱如初，比如夫妇性爱持久热烈，比如家庭中男女地位绝对平等，比如望子成龙等等，显然已经超越了一夫一妻制婚姻最初的责任和义务。由此看来，从家庭个体来说，如果某个家庭能够全部完成并履行这些责任和义务，当然是幸事；如果不能全部完成或履行，并因此而感叹或抱怨婚姻的话，是不是作茧自缚或是自寻烦恼呢？尽管在我们所知道的一切婚姻形式中，一夫一妻制婚姻可以说是现代性爱能在其中发展起来的唯一形式，但是这也并不意味着现代性爱作为夫妻相互的爱完全或主要是在这一婚姻形式中发展起来的。从本质上来说，在男子牢牢统治下的个体婚制是排斥这一点的。并且事实上，在历史上“第一个出现的性爱形式，那种中世纪的骑士之爱，就根本不是夫妇之爱。恰好相反，古典方式的、普罗旺斯人的骑士之爱，正是极力要破坏夫妻的忠实，而他们的诗人们所歌颂的也正是这个”。恩格斯曾经说过：“如果说只有以爱情为基础的婚姻才是合乎道德的，那么也只有继续保持爱情的婚姻才合乎道德。”他的这番话更多的是针对传统的一夫一妻制婚姻的不可解除性而论，并且指出如果感情确实已经消失，或者被新的爱情所排挤，婚约的解除于双方于社会都是幸事。恩格斯也曾经讲过：“不以夫妻相互性爱和真正自由的协议为基础的任何婚姻都是不道德的。”这是针对恋爱婚姻自由是人的权利，也是妇女的权利而论。当然夫妻制婚姻形式发展到现代，的确已经更多地建立在自由爱情的基础之上，或者更确切地说，现代人最初确实更多地是由于相互爱慕而自由订立婚约以期终生厮守的，这是我们竭力追求的，也是迄今为止最为理想的合乎道德的婚姻形式。但是，且不论这种相互爱慕的程度和持续的时间各异，并且终会趋于平淡，即便是相爱终生，也丝毫没有消除婚姻所应承担的责任和义务，丝毫没有改变一夫一妻制婚姻的本质。现代人所面临的因为彼此或单方面不爱了而懊恼，或者不能随心所欲地去爱他人而烦恼等诸多问题，正是由于婚姻本身所能约束和保证的毕竟不是爱情或是性爱，而是责任和义务。为爱而婚是幸事，爱能持久一生更是大幸之事，但是，倘若爱情不能持久，也无可厚非，并不一定因此就要轻易地、简单地或是不顾一切地解除婚约，因为婚姻的内涵远远大于爱情；倘若出现了婚外情，也不必如临大敌，因为从某种意义上可以说，一夫一妻制婚姻从一开始就伴随着男性的事实上的群婚制，一夫一妻制婚姻的起源可以说是男人的性欲对于男人统治地位的获取的一种妥协，妥协的结果就是以通奸和卖淫为补充。如果说一夫一妻制婚姻的产生是经济根源，它的衍生物就是人性的力量了。在现代社会里，女性已经取得了法律意义上平等的社会地位和家庭地位，拥有了爱的权利和婚姻的自由，但是，一夫一妻制婚姻却还没有如恩格斯所说的“由此而达到的妇女的平等地位，根据以往的全部经验来判断，与其说会促进妇女的多夫制，倒不如说会在无比大的程度上促进男子的真正的一夫一妻制”。恰恰相反，在现代社会里，无论男人还是女人都试图突破或是逾越这个樊篱，这不能说是一种倒退，相反可以说是一种进步，一种更高层次的进步，因为大家是在一种理性的状态下试图突破或是逾越，是“带着镣铐跳舞”，绝不是一种蒙昧和野蛮状态的随心所欲。并且，这种超越的力量是不可忽视的，因为它出自人的本能；也是不可全然避免的，因为这正是被一夫一妻制所排斥的人的本性。

需要补充的是，对于妇女来说，这也不是一种简单的循环往复。我们知道从群婚制过渡到对偶制，是由于经济的发展，古代共产制的解体，人口密度的增大，人们的居住地逐渐从森林迁徙到草原，也逐渐失去了原始生活的素朴性质，这时，群婚制形式下的两性关系，越来越令妇女感到屈辱和压抑，她们迫切地要求取得保持贞操的权利，取得暂时地或长久地只同一个男子结婚的权利作为解救的办法，因此，巴霍芬认为，由群婚向个体婚的过渡这一进步主要应归功于妇女，而从对偶婚制向一夫一妻制的进步则主要是男子的功劳，实质上是妇女地位的恶化，且便利了男子的不忠实。现代一夫一妻制婚姻中，妇女的地位得以提升，妇女拥有了爱的权利和婚姻的自由，却仍然渴望着更大的性爱自由。但是，这绝不是一种简单的循环往复，而是一种更高级的循环往复，如同大树在年轮的回复中得以长高一样，妇女也正是在这种循环往复中长大成熟。

摩尔根认为一夫一妻制家庭的进一步发展是一种进步，一种向两性权利完全平等的接近。不过，他说："如果一夫一妻制家庭在遥远的将来不能满足社会的需要，那也无法预言，它的后继者将具有什么性质了。"也许，所有的这些都是一种尝试、一种探索，而所有的这些探索和尝试毫无疑问都是建立在一定的经济基础之上的，同时也须臾离不开人性的本能。随着经济的发展、社会的进步，文明逐渐剔除蒙昧，压制野蛮，人性却始终在其中闪烁着不灭的光芒。

第四节　母权制

一、母权制的产生

母权制氏族的产生及其本质和向父权制的过渡，乃是我们对史前社会正确认识的关键。

关于母权制的产生和确立，向来被归结为两个原因。其中的一个原因是从当时的经济生活来考虑的。根据考古学和人类学的材料，在母权制产生的初期，人类处于采集——狩猎型社会。在这种社会中，“由于性别和年龄的差别，也就是在纯生理的基础上产生了一种自然分工”，即妇女采集（植物的野果块根等），男子狩猎（或者还有捕捞）。由于当时工具简陋，因此，狩猎的成果少且不稳定。相反，采集为种族提供了丰富和稳定的食物来源。这样，妇女在母系时代初期的物质生活中就占据了主导地位。到母系氏族的繁荣时代，原始农业在妇女长期采集的过程中被发明出来了，妇女于是又成为农业劳动的主要力量。一句话，妇女之所以被社会尊重，并导致母权制氏族的产生，原因之一就是她们在当时的物质生产领域中处于主导地位。她们做出了比男子更大的贡献，于是生前受到尊重并享有较高的地位，死后的厚葬也成了理所当然的事了。

但是，这个理由是站不住脚的。首先，我们提出这样的问题：人类的远祖是不是狩猎？那种所谓“自然分工”是不是从来就有的？狩不狩猎是没有人表示怀疑的，那时他们还是规矩的草食动物。可是猿不是人，处于从猿到人的过渡状态中的那些动物到底应该叫人，还是叫猿呢？这是个纠缠不清的问题。现在“中庸”一下，称之为猿人，最古的猿人是我们的始祖。迄今发现的猿人在考古学上称为腊玛古猿。对诸多腊玛古猿化石的研究，得出了这样的结论：“他们是一种地面的草食者，他们的食物主要是植物性的。”这就告诉我们，在我们祖先的这个阶段，狩猎是不存在的，至少他们还没有获得一种专门的生存手段，即便他们可能也吃一定份量的肉，但是这种偶尔获得的奢侈品还不足以造成所谓的“自然分工”。到南方古猿时期，肉食的成分有所增加，但是否也已产生“自然分工”尚不可考。无论如何，可以肯定的是：如果我们是从猿进化来的，那么狩猎作为一种生产手段并不是从来就有的。因此，采集是那种“自然分工”产生以前的唯一手段。但是当变迁迫使我们的祖先不能光依赖采集而生活的时候，他们就发明了狩猎（或者还有捕捞），并必须作出选择：派社会的哪一部分人去狩猎呢？无疑，狩猎更需要强悍和勇敢，也许还可以加上机智。指望女人干好这件事是不现实的。虽然有时候女人和孩子也参加围猎，但她们最多只是站得远远地去呐喊而已。于是，这个重任就历史性地落在了男人的肩上。因此当我们轻松地谈到“自然分工”时，男人的工作要比女人的工作艰巨得多，这一点是切不可忘却的，但它一直都被忘却。这从“自然分工”这个名词就可看出。由于男人工作的艰巨性和风险性，他们虽获得少而不稳定的成果，但是不能表明他们的无能的。同时，女人的工作（采集）由于较为容易、风险不大，所以她们获得更多的劳动成果也就不能够引以为傲了。

母权制产生和确立的另一个理由是从当时的婚姻关系来说明的。在人类进化的初期，性关系被认为是纯粹杂乱的。这种杂婚制由于自然选择的原则先后经过了下列家庭形式——血缘家庭、普那路亚家庭、对偶家庭、一夫一妻制的个体家庭。伴随着普那路亚家庭产生的是母系氏族，或者说是早期母权制，与对偶家庭相联系的则是母系氏族的繁荣阶段。

这两种婚姻形式有一个共同的特点：它们都是采取“男到女家”的形式。不过这种“男到女家”又有两种形式。其中一种方式我们可以通过恩格斯对原始共产制大家庭的论述来了解。在这种大家庭里，女人属于同一个氏族，（作为丈夫的）男人则来自别的氏族。他们有义务为他们所在的氏族的公共贮藏品的增加做出贡献。当然当他们“离婚”或死去时，他们的财产将回归他们原来的氏族。另一种形式“男到女家”采取一种不太彻底的形式：男人只是晚上到外氏族的一个不拒绝他的成年姑娘那里过夜，天亮后仍回到他原来的氏族，为自己的氏族干活。这两种婚姻形式的结果是显然的：一个男人可以同时或不同时有好几个妻子。同样，一个女人也可以同时或不同时有好几个丈夫。这种状况被说成是婚姻关系上的杂乱。由于这种杂乱的形式，后代就“只知其母，不知其父”了。父亲无法确定，孩子就归母亲所有，并且世系只可能按母系来算。于是母权制氏族就“几乎是必然”地产生了。

这个理由虽然初看起来是可信的，但也将被证明为不能成立。首先，我们对母权制下“只知其母，不知其父”是不是必然产生的问题提出质疑。如果它既不是必然的，又不是普遍的，那么这个理由就被动摇了。

考古学和人类学的材料都表明，当时一个氏族活动的范围不仅是基本固定的，同时也是相当狭隘的，而且，人口数量也相当有限，这使得氏族之间的婚姻关系也相当确定。比如说，甲氏族的男子一律和乙氏族的女子结为配偶。例外情况通常很少见。一定时期内稳定的夫妻关系从来就没有被事实所否定，也没有被恩格斯本人所否定。半坡遗址的发掘以及摩尔根在《古代社会》中对易洛魁人母系家庭的描述，都使我们得出这样的结论：婚姻关系很多时候都没有混乱到这样的程度，以致于孩子不可能知道他的父亲是谁。而且，对父子关系的双方来说，重要的并不在于他们之间是不是有血统关系，而在于他们之间有没有父子之间的权利和义务。即便是在我们现代的社会，父子关系中的那种生理上的血统继承也并不是最主要的因素。父子关系与其说是一种生理关系，不如说更多的是一种社会关系。它首先是两者之间的一种承诺，在这种承诺中生理上的因素并不是必然的，以及由这种承诺所伴随的权利和义务。可以说，在当时的情况下，要给孩子确定一个父亲是完全没有什么困难的。如果当时竟没有确定，那并不是因为不能知道这个孩子的生身父亲，而是因为父亲在当时对孩子来说还没有什么意义，现代意义上的父子之间的权利和义务是不存在的。

就是摩尔根自己也为我们提供了相反的例证。它表明母权制下孩子是可以知道他的父亲的。在谈到氏族成员有给新出生的孩子命名的权利时，他写道：当一个孩子出生后，首先由他的母亲给他命名。但“还需要等到本部落召开下一届的会议，在会上宣布这个婴儿已经诞生，并宣布他的名字，他母亲的名字及其所属的氏族，他父亲的名字等等，该婴儿的命名手续才算正式完毕”。有什么比这个更有力的证据呢？由此可知，孩子的父亲是可以知道的。但是此时孩子的父亲和他的孩子似乎还没有什么关系，父亲被冷冷地放在后边，他根本没有想到他对他的孩子有什么非做不可的事情。此时，他作为父亲的权利和义务是不存在的。由此也证明，父子关系的确立更多地依赖于社会关系的确立，而不是依赖于生理血缘关系的继承。

实际上，即使承认在某些地方的确存在那种孩子“只知其母，不知其父”的情况，但试图以此来说明母权制的产生也是徒劳的。“只知其母，不知其父”的这种状况的原因只能归结为当时的婚姻形式，但这种婚姻形式正是需要说明的东西。

如果有谁以为母权制下的婚姻形式的本质只在于性生活的杂乱及由此造成父亲的难以确定，那他就犯了一个严重的错误。所谓“杂乱”只意味一个男人（或女人）可以同时或不同时和几个女人（或男人）保持性关系。这不但在母权制下是普遍的，在父权制氏族下，这种状况也不少见。比如说父权社会的一妻多夫制，要确定孩子的生身父亲一定不比母系氏族下更容易。另外，在众多的父系社会中，女子在婚前的性生活是相当自由的。有些民族把他们未结婚的女儿送到一个庙里，让她们“自由恋爱”。在结婚后，许多丈夫慷慨地把他们的妻子让给来访的朋友，甚至路人。如果遭到拒绝的话，他们甚至还要生气。这时，孩子的生父就更难确定了，但丈夫们从来不为此烦恼，他们毫不犹豫地把他妻子生的所有孩子都当作自己的孩子。可见，对血统的重视是一件相对来说晚近得多的事。这里的性关系不能说不杂乱，但问题的关键不在于杂乱与否，而在于杂乱所采取的方式。

母系氏族下的婚姻形式可以有许多种，但是最本质的只有两条：第一条，男子到另一个氏族的女子那里去；第二条，婚姻的产物归母亲所在的氏族所有。因此，所谓母权制下孩子“只知其母，不知其父”实际上应是孩子“只归其母，不归其父”。孩子的父亲是谁可以知道，但既然他们分属不同的氏族，那么此时知不知道父亲是谁就无关紧要了。

我们由此明白母系制度的最重要含义在于婚姻的产物归母方所在的氏族所有，母权制下的各种婚姻形式无一例外地都保证了这一点。

母权制之所以产生，当时的婚俗之所以采取一种男子拜访女子的形式，最根本的原因在于在当时情况下，人口生产（种的繁衍）比物质生产占有更高的地位，而成为当时社会生活中的第一位的生产。这绝不是一件不可想象的事。人的繁衍是缓慢的，孕育期长，生育量小，成活率低。如果存在较高的死亡率，种族的绵延就会不可避免地面临危机。一定数量的人口是任何一个种族生存和发展的首要前提，这使得人口生产在社会生活中占据首要地位。在研究史前文化的过程中，我们会发现一种到处都流行的对生殖的崇拜，尤其是对女性生殖的崇拜。把这种崇拜理解为一种简单的性交欲望是肤浅的。实际上，这表达了人们对人口增殖的渴望。

当人口生产成为社会的第一位的生产时，妇女对于种族的重要性就是显而易见的。至于这种人口繁殖采取一种什么方式，也就是说，人口增殖的利益怎样在社会的各个集团之间进行分配，就是下一步要考虑的首要问题了。这也就是婚姻关系及由之决定的后代的归属问题。此时如果采取“男婚女嫁”的形式，女人长大以后要嫁到别的氏族去的话，对于养育女孩子的氏族无疑是不利的。因为每个氏族都不愿本氏族的女人“外流”，于是，男子拜访女子就成为不可避免的唯一的选择了。尽管男人进行物质生产很能干，但此时物质利益已经成了次要的利益，因此在某些时候作出这种牺牲是在所不惜的。男子被“逐出”氏族的结果，是女人得以留下，于是哪个氏族的女人更多，就更有机会获得更多的人口，这就是母权制下的婚姻关系的真正本源。

可以看出，母权制的产生和确立就是为了刺激人口的繁殖增长，因为一定数量的人口是人类生存和发展的基础，是文明社会的前提。女人为此做出了较大的贡献，她们因此获得了相应的报酬——母权社会的荣耀。

二、母权制家庭到父权制家庭

（一）经济前提

由母权制家庭向父权制家庭正常过渡的经济前提，首先是农业生产上使用金属工具，由锄耕农业向犁耕农业的过渡，由对动物的驯养过渡到畜牧，以及对外交换的发展，从而引起男女社会分工发生深刻的变化，妇女虽然还参加各种生产活动，但男子已开始在农业生产中起决定性的作用。正是由于男女社会分工发生深刻变化，引起了由母权制氏族变革为父权制氏族的结果，这种变革导致了家长制家庭的产生与发展。恩格斯指出："男子在婚姻上的统治是他的经济统治的简单后果。"男子从生产到交换都取得支配地位，是男子摆脱母权制家庭的物质条件。男子在婚姻方面停止了外出访问，将自己的妻子娶到家里来，从而打破了传统的母权制婚姻秩序。男女在经济生活和婚姻关系中所发生的深刻变化的直接后果，便是引起财产继承制度的改变。为适应父权制的产生，原来由女儿继承的财产改由儿子继承。已经建立的持久的夫妻关系，妻子在家庭中隶属于丈夫，为由儿子继承财产创造了方便条件。

恩格斯在论证家长制家庭的历史地位时说："家长制家庭公社乃是母权制共产制家庭和现代的孤立的家庭之间的中间阶段。"由于刀耕火种农业必须依靠公社的全体成员集体进行，所以土地等生产资料仍然属于父系氏族和家庭公社集体所有。虽然在刀耕火种的农业生产的领域里，从砍伐森林到焚烧森林，男子都起着主导的作用，但妇女在经济生活中的作用仍然很重要。随着一夫一妻制家庭的正式建立，这种建立在个体经济基础上的个体家庭，开始冲破父系氏族的血缘纽带，过渡到由三四个或者更多的异姓氏族成员杂居的村社。这种由几个异姓氏族成员杂居的村社，实际上多是互相通婚的异性氏族。

（二）妇女沦为买卖的对象

由母权制氏族变为父权制氏族是社会生产力发展的结果，是男女在经济生活中的地位发生深刻变化的结果，因此，完成由母权制向父权制的发展是家庭最深刻并具有历史意义的一次革命。正如恩格斯对这次家庭革命的特点所指出的那样："这并不是像我们现在所想象的那样困难，因为这一革命——人类所经历的最激进的革命之一，并不需要侵害到任何一个活着的氏族成员。氏族的全体成员仍然能够留下来，和以前一样。”但是这一革命不能不充满着激烈的斗争。

在母权制下，在对偶家庭里，互相通婚的男女成员仍然属于自己的氏族成员，他（她）们仍在自己的家里从事生产，并不发生家庭劳动力的增加或减少。男子仅在过婚姻生活时才到妻子所在的氏族去访问，夫妻之间缺少乃至没有任何的经济联系。但发展到父权制家庭阶段后，情况就完全改变了。这时女子必须离开自己的氏族，嫁到丈夫所在的氏族中去。自从过渡到从夫居的阶段，就产生了家庭劳动力的转移。在这种情况下，男子虽在经济的领域里获得支配地位，但是由于母权传统的习惯，女子还是不愿意立刻顺从地嫁过来。这时，男子为了获得妻子就不能不借助于购买和抢的手段。恩格斯对此曾极其深刻地论述过，他说：“在以前的各种家庭形式下，男子是从不缺乏女子的，相反女性倒是多了一点，而现在女子却稀少起来，不得不去寻找了。因此，随着对偶婚的发生，便开始出现劫夺和购买妇女的现象，这是发生了一个深刻得多的变化的普遍迹象。”

（三）父权制家庭不可克服的内在矛盾

在对偶家庭里，男女的婚姻关系还多半是平等的，妇女是家庭的主人，妇女在婚姻方面还拥有较多的主动权，这时人类还不知道什么是贞操观念。在家长制家庭和一夫一妻制家庭建立之后，男子为了保卫对妻子的所有权，产生了要求妻子遵守贞操的观念，妻子如果同其他男子通奸，他们认为这是对夫权的侵犯。而作为家长制家庭和一夫一妻制家庭主体或主人的丈夫并不遵守贞操，认为男子多妻是一种荣誉。已婚的男子同未婚的乃至已婚的女子继续发生关系成为男子享有盛誉的特权，妻子却无权干涉。这种在家长制家庭和一夫一妻制家庭里在贞操方面所存在的矛盾，就在于“妇女愈来愈被剥夺了群婚的性的自由，而男性却没有被剥夺”，所以形成这种片面性，就因为“一夫一妻制”的产生是由于大量财富集中于一人之手，并且是男子之手，而且这种财富必须传给这一男子的子女，而不是传给其他任何人的子女。为此，就需要妻子方面的一夫一妻制，而不是丈夫方面的一夫一妻制。

当然，丈夫对妻子的绝对统治，自然会引起妻子对丈夫的绝对统治的反抗。妇女在生产领域中的作用，则规定了她们在家长制家庭和一夫一妻制家庭中的地位。在家长制家庭中，虽然一些家庭还过着原始共产制生活，但由于妇女已失去了生产中的重要地位，因此妻子只不过是家长的助手，仅仅起着管家婆的作用，主要是负责保管粮食，分配食物和教育子女成员。妇女对有关氏族的、家庭的重大问题已无权过问。至于一夫一妻制家庭，妇女无论在家庭或社会里都处于从属地位。

总之，在家长制家庭阶段，男子在家庭中就已拥有极大的权力，妻子及其子女都隶属于家长，男子对妻子拥有绝对支配权。随着一夫一妻制家庭正式确立，这种建立在私有制上面的一夫一妻制家庭则是为私人的财产继承权服务的生活组织形式。这种一夫一妻制家庭，实际上是一种片面的一夫一妻制家庭，仅仅是对妇女而言的一夫一妻制。这种建立在私有制基础上面的片面性，构成了一夫一妻制内在的对抗。恩格斯曾经极其深刻地揭露过这种对抗，他说：“在历史上出现的最初的阶级对立，是同个体婚制下的夫妻间的对抗的发展同时发生的，而最初的阶级压迫是同男性对女性的奴役同时发生的。”这种对抗在私有制下是无法解决和克服的。只有社会主义革命在各个民族地区取得胜利，私有制逐渐被消灭，并在更高的基础上建立社会主义所有制，改变各个民族原有的家庭关系，才能实现妇女在政治上、经济上，以及在社会生活的各个方面与男子的完全平等。

（四）从母权制社会到父权制社会转变的原因

在现代社会，我们对生产力通常理解为“经济和科技的发展”，而舍弃了经济学中生产力所包含的人的因素，说其是“经济发展的结果”显然就更错了，这就完全排除了人的生产。“根据唯物主义观点，历史中的决定性因素，归根到底是直接生活的生产和再生产。但是生产本身又有两种，一方面是生活资料，即食物、衣服、住房，以及为此所必需的工具的生产；另一方面是人类自身的生产，即种的繁衍。一定历史时代和一定地区内的人们生活于其下的社会制度，受着两种生产的制约。”这段话是恩格斯在《家庭、私有制和国家的起源》第一版序言中讲的。由于两种生产的明确提法在书的正文中不十分明显，显然这就成了恩格斯对这一思想的再明确和再补充的理由。我国史学界，甚至哲学界，恰好忽视了这一点。大多片面地理解了生产的含义，舍弃了生产还包括“人类自身生产”这个重要方面。恩格斯在六年后的一封信中说：“根据唯物史观，历史过程中的决定性因素，归根到底是现实生活的生产和再生产，无论马克思和我都从来没有肯定过比这更多的东西。如果有人在这里加以歪曲，说经济因素是唯一决定性因素，那么他就是把这个命题变成毫无内容的、抽象荒诞无稽的空话。”他又说：“经济状况是基础，但是对历史斗争的进程发生影响并且在许多情况下，主要是决定着这一斗争形式的还有上层建筑的各种因素，这里表现出这一切因素间的交互作用，否则，把理论应用于任何历史时期，就会比解一个最简单的一次方程式更容易了。”目前，我们狭隘地把生产理解为“经济”，“经济决定一切”的公式套用在一切历史时期。经济专指物质资料的生产，它排除了人自身的生产，同时也否定了这种生产在转化中的巨大作用。这不啻于对历史唯物主义的曲解，也是对马克思、恩格斯关于直接生活的生产和再生产决定历史进程这一光辉思想的简单化和庸俗化。“转化原因”是一个关系到历史唯物主义基本观点的原则性问题，而且其意义远不止在这个问题上，许多领域都存在着这种简单化倾向。在历史进程中，许多复杂问题都被冠以千篇一律的套语：物质资料生产——经济发展的必然结果。这不仅不是科学的，简直就是恩格斯所指责的“毫无内容的，抽象的，荒诞无稽的空话”，是历史观中的机械论和形而上学。对历史若无深入的探索、详尽的考究和具体细致的分析，而以一个永恒的公式来套用，这只能使本来意义上的科学变成胡说八道。真理同谬论之间有天壤之别，却无不可逾越的鸿沟。恩格斯后来针对上述错误倾向，曾做了认真严肃的批评和自我批评：“青年们有时过分着重经济方面，这有一部分是马克思和我应当负责的，我们在反驳我们的论敌时，常常不能不强调他们否认的主要原则，并且不是始终都有时间、地点和机会来给其他参与交互作用的因素以应有的重视。”马克思和恩格斯一贯认为，决定历史发展进程的是“交互作用”，是“合力作用”。不仅有生产的作用，还有上层建筑的作用；不仅有经济的作用，还有种的繁衍、社会风俗、地理环境等作用。

《家庭、私有制和国家的起源》一书正是用了大量篇幅叙述了人类婚姻方式的延革，深刻剖析了它的实质，详尽论述了人的自身生产——性生产的历史。这种生产恰恰构成母权制向父权制转变的生产因素之一，而且是它的重要因素。

人，按其自然属性，首先重视的是自身生存，其中重要方面是生殖繁衍。距今越久远，人类越远古，这种属性反映得也越充分，越突出。因此，人类势必将“造人”视作神圣而伟大的事。我国远古神话传说，就是将“造人”与“开天辟地”视为同等重要的事。从现今的一切宗教或神话传说中，我们可以清楚地看到，人类对这个问题的认识大体经过如下几个阶段：“神创说”、“图腾说”、“女性造人说”和“男性造人说”等。《圣经旧约》中有上帝在第六天模仿自己造了亚当的记载，亚当是人类的始祖。古埃及传说中，有一个人身羊头的哈奴姆神，用水和土造了人。古希腊神话中是十二提坦神之子——普罗米修斯造了人。我国也有“女娲抟黄土造人”的传说。女娲既是神又是人，据说她是人头蛇身。这反映“神造人”已在向“女性造人”过渡。总之，“神造人”看来是人类对自身生产的最初认识。随着物质生产和人类自我生产的发展，出现了图腾崇拜。世界上相当多的民族把某一种动物视为自己的同族或祖先，这是造人说的一大进步，这毕竟使人的始祖从幻境回到了生物界。随后人类又认识到了女性在造人中的作用，这使人类始祖由外界回到人本身。这是人类认识自己的真正开端。国内许多古文化遗址中，大量出土的壁画、雕刻等多为女性，即是一个明证。我国最近出土的牛河梁女像——中国的维纳斯，就很好地证实了这一点。人类此时已开始了对“性”的初步认识。与这一时期对应的自然是母系社会的建立。这说明，在人类自身生产的进程中，确曾有过将种的繁衍归功于女性的母亲黄金时代。在这个生产水平上所表现出的方式即是杂婚和群婚。也正是由于这种性生产方式，才必然产生对女性的崇拜。在这种生产方式下，子女无论如何不可能确认“父亲”，其实也根本没有父亲的概念。繁衍后代仅仅是女性的工作，男性自然被排除在外。据此，我们不无理由认为绝不仅仅因为母亲在家庭中的劳动占主要地位，才使她们受到尊崇，进而才形成母权社会。这仅是其中的一个方面。而长期被人们忽略了的另一个方面就是人们自身的生产使他们确认了女性的造人作用，所以才产生了与之相适应的社会结构。

同理可证，父权社会的建立也是如此，如果强调在劳动中的地位的话，这劳动在很大程度上应该是指养育子女的劳动，只有这样才能坚持两种生产的观点，坚持两种生产相统一的观点。有什么样的物质生产方式，必然有与其相适应的人类自身的生产方式。低级的生产力水平不可能有高级的“性”生产方式，以及婚姻形式与制度。从此种意义上说，家庭方式、性生产方式影响和制约着整个社会。严格说来，“家庭”的概念在母权时代是不存在的，因为它排除了男性。那仅仅是一个氏族的群体——以老祖母为首，连同一大群儿孙在一起的氏族。只要有了现代家庭——一夫一妻制一旦产生，我们便可断言：父权已经建立起来了，因为一夫一妻制家庭不仅是两性结合的产物，而且是“两性对立冲突的产物”（恩格斯语）。家庭的建立即宣告了母权的破产，也终结了双方随意择偶的局面。因此，家庭的产生既是物质生产发展到一定水平的产物，同时也是两性对立统一的结果。片面强调由于男子经济地位上升才导致母权的倾覆是不妥当的。因为任何无视家庭变迁中两性对立统一这个内部动力，否认家庭的建立不仅是两性的结合，同时也是两性间的制约，来认识所谓家庭革命都是片面的。今天，在刚果人民共和国北方，妇女仍旧是主要劳动力，男子什么活儿也不干，但却处于支配地位。这说明经济作用同家庭地位的一致性并非是绝对的。人所处的社会地位首先是分工（无论强制的或自愿的）造成的。

如果将分工问题推而广之，我们自然发现，在人类所经历的前几个社会形态中，承担主要劳动的，即占据重要经济地位的人们，均不占有支配地位。他们这些先进生产力的代表正是为争夺这种支配权而进行的斗争才成为推动历史发展的真正动力。在阶级社会中，劳动者不占据支配地位和他们争得支配权进行的斗争同样是绝对的。人们或许认为母系氏族是原始共产制，男子因其经济作用，自然而然会取得支配权。这实际上是一种误解。因为问题一旦谈到“支配”与“被支配”的关系时，实际上共产制已经解体了。马克思主义认为：“最初的分工是男女之间为了养育子女而发生的分工，在历史上出现的最初的阶级对立，是同个体婚制下的夫妻间的对抗发展同时发生的。而最初的阶级压迫是同男性对女性奴役同时发生的。”这一论述为我们重新认识原始社会及其结构、分期等提供了一把钥匙。这一论述同时还意味着：两种生产是同时产生、同步发展的，共同对历史进程发生作用，而且也是不可分离的。这说明，社会之分裂为阶级与夫妻间的对抗发展是一致的。家庭与社会是一致的，性生产与经济生产是一致的。正因为这样，我们也才认为，仅凭经济因素来推断人们的社会地位是不全面、不完整的。

母权制时期，男子的狩猎也并非不重要。也就是说，绝不仅仅因为男子的劳动不重要才使其处于“被支配地位”。在中外古文化发现和古遗址挖掘中，兽骨的发现占有相当的数量。甚至可以说，有人类生存的地方就有兽骨存在。这就有力地证明了人类早期的生活在很大程度上是依赖狩猎的。当然男子毫无疑问是这一劳动的主要承担者。但是，男子为什么没有“支配权”呢？实际上，很大程度取决于男子在人类自身生产——性生产中的位置的不重要。因为在杂婚及群婚形态下，个体男子是可有可无的。女子似乎成了人类自身生产的唯一承担者，子女的唯一赡养者。两性在这种生产——造人中的不同作用，也就决定了他们各自不同的社会地位。

财产继承问题也是存在的，但这是个派生从属的问题。因为，即使在新石器阶段，生产力也仍是十分低下的。人们尚不能脱离自身生存与种的繁衍这样的头等大事去关注财产归属。财产，最初所包含的内容也只能是工具。就是新石器时代，生产工具也不可能专属私人。随着生产力水平的发展，某些工具可能转归个人使用，但最初的所有权必定还是公社。一旦有了私有，现代家庭也就出现了，因为当时的生产单位还不可能是个人，而只能是家庭。家庭不仅作为两性结合的单位，而且是社会生产的细胞。高加索地区“男子坐褥”的例子说明：男子实际上在家庭中已然占据了支配地位。不然，他没有可能在妻子分娩后，还能将她赶走，自己躺在床上。男子此时取得了家庭的支配权，但又不能使子女名正言顺地归属自己——按男子血统来排列世袭，其根源不正是因为男子被排除在造人之外吗？可以想象，这种行为的出发点不正是为了追求两性生活中的地位吗？这个例子反映的本质，首要的不是财产归属，而是男性对女子的追求，进而对造人作用的追求。财产归属在这里只是附产物。

对偶家庭和对偶婚是导致母权解体的重要前提。从巴霍芬、摩尔根，直到恩格斯，都给予对偶家庭和对偶婚以充分的肯定和详细的说明。这种婚姻方式是人类自身生产中的重要阶段，是人类认识自己的一个里程碑。由此才给予认识“父亲”的作用以契机和可能。也正因为有了这种两性结合的形式，人类才得以由“母亲造人”向前迈进一步，进入了“父亲造人”的阶段。这是人类揭开造人之谜，把握自己繁衍生息的钥匙的开端。把对偶婚看作人类迈向文明的一个大门是不过分的。人类凭借它，尽管形式尚不固定，但却能够从其中的特例——偶然性上，发现自己繁衍生息的奥秘。所谓特例是指其中“较为固定的结合”与“结而不合”两种情况。这两种情况也许微乎其微，但绝对不能排除其可能性，它们为人类提供了一种比较。这种比较有利于认识男性在生殖中的作用，以致于人们一下子就误认为男子在“造人”过程中起了绝对的作用。历史的必然往往由这些偶然表现出来，人类对繁衍生息的认识是自我生产过程的反映，人们的婚姻形态是这种生产的实现方式。人类对“造人”奥秘的认识来源于自身生产，同样也依赖于物质生产。如果家庭不能够作为生产力的独立因素，那人们对男性作用的认识是不会上升到这个高度的。这种认识一旦确立必定反过来给予两种生产以强大的反作用，借以推动母权向父权的转化。

男权的确立，反映在意识形态上便是人类对祖先的崇拜，郭沫若的《殷契余论》对甲骨卜辞中的“祖妣”进行了很详尽的考证。他认为“祖”就是甲骨文中的“且”——父亲的称谓，并且是男子的生殖器。郭沫若认为：祖=且=男子生殖器。可见，我们现在所谓的祖宗观念本是对男子生殖器的崇拜的遗留。

这一认知和结论早已为史学界所普遍接受，“且”即是男子生殖器的祖先崇拜物，已是一个无需证明的公认事实了。它说明，在人类自身发展的历史进程中，确实曾有那么一个阶段，对男性，进而对男性生殖器达至无限崇拜的地步，这是人类将繁衍生息的功劳归于男子的标志，同时也是男权至高无上的标志。郭沫若还认为：“然此有物焉可知其为人世之祖者，则牡牝二器是也，故生殖器神之崇拜几与人类而俱来。其在西方新、旧石器时代之器物已有发现，足证其事之远古。”可见，人类一经摆脱了神、动物和女性创人阶段，便产生了对男性生殖器的崇拜。从前，人们似乎以为

“崇拜”是男权建立之后的事情，这是不对的。这两者都属于上层建筑，都产生两种生产。人们从这种生产实践出发，从生存和延续后代出发，一旦发现了男性在人的生产中的作用，也就理所当然地引起对“且”——男性生殖器的崇拜，随之而来的才可能是与此相适应的男性权力的建立。

（五）女性地位

1861年，瑞士法学家巴霍芬发表了《母权论》。据恩格斯说，巴氏在该书中表达了这样的观点：在人类的早期社会中，女性作为母亲，作为年轻后代的唯一确切知道的亲长，享有高度的敬重和威望，这种敬重和威望竟达到了女性的完全的统治。由恩格斯的转述我们得知，在巴霍芬那里，“母权制”包含了按母亲计算世系（这就是学者所说的“母系制”）和女性在社会中拥有统治地位两层含义，并且他突出了后者的重要性，这被恩格斯称为“巴霍芬的第三个功绩”。可以看出，巴霍芬将“母系制”与“母权制”混为一谈了，这种论断是后来学者在此问题上争论不休的根源。

芬兰学者韦斯特·马克干脆抹杀了巴霍芬关于“母权制”两层含义的区别。他认为：“‘母权’的含义是：世系完全由母亲一方来计算；一个人生来属于母亲所在的社会群体，而非父亲所属的群体。”他一再强调，“母权”只有一个稳固不变的特点，这就是世系从母亲一方来计算，而非从父亲一方计算。可见，韦斯特·马克所说的“母权”即“母系”，而且他还批评了巴霍芬把母权解释为妇女至上的产物，从而否认了巴霍芬的第二层含意，即“妇女的完全的统治”。

从《家庭、私有制和国家的起源》看，恩格斯更多地批评了韦斯特·马克而吸收了巴霍芬的某些思想，当然这种吸收也是建立在科学批判基础上的。恩格斯认为，血统最初只能以女系，即从母到母计算，母亲是子女唯一可靠的亲长的身份这种最初的地位，便为她们甚至一般女性保证了一种“崇高的社会地位”。请注意，“崇高的社会地位”并不是“妇女的完全的统治”的同义语。恩格斯实际上对巴霍芬的观点经过了思想上的过滤，对于巴霍芬将这种由母亲方面确认血统及随着时代进展而由此发展起来的承继关系叫作“母权制”的说法也表示过怀疑。当时，他已经觉察到这个概念“不大恰当”，但他“为了简便起见”，才“仍然保存了这一名称”，即母权制。研究者习惯于引用恩格斯一些概括性的语句，而未能注意到恩格斯在思想深处曾有过至少是暂时的疑虑。恩格斯虽然借用了巴氏“不大恰当”的概念，但他实际上主要还是从“母系”角度立论的。

在《家庭、私有制和国家的起源》一书中，恩格斯以马克思对摩尔根《古代社会》所做的摘要为基础，对摩尔根的理论进行了新的阐述，再次肯定了摩尔根关于“母权制”及其与“父权制”先后关系的结论，并且将这一理论对于原始历史研究的意义与达尔文的进化论在生物学以及马克思的剩余价值学说在政治经济学中的意义提升到了同样的高度。这样，随着恩格斯的《家庭、私有制和国家的起源》被国内学者的广泛学习，摩尔根也在中国得到了他生前从未享受过的盛誉。他们的学说也对后来整个的史前研究产生了深远的影响。

20世纪60年代，英国著名人类学家M·布洛克在《马克思主义与人类学》一书中对这些争论作了恰当的、总结性的概括。他指出：“摩尔根给人造成一种印象：以母亲来计算血统与妇女的高地位之间有着直接的联系。这种联系得到了另外一些学者的进一步强调，这些学者混淆了‘母方世系’与‘母权制’两个概念，前者指以母方来计算血统，后者指由妇女实行统治。事实上，妇女地位与根据这一方或那一方来计算血统都没有直接的联系。纵然一个人不是因为其父亲是谁而是因为其母亲是谁而归属于某一群体，这也绝不意味着妇女在该群体中享有很高（或低）的特殊地位。”他主要给我们说明了两个问题：第一，母系制与母权制是两个不同的概念。前者是说继承的规则，而后者是说继承权力的事实归属。这就对自巴霍芬以来的概念混乱问题进行了澄清，对概念的界定是科学研究的重要前提。第二，母系制社会中女性的社会地位并不一定很高，在母系制与母权制之间并无必然的递进关系。母系制不能推导出母权制的结论，因为从大量的人种来看，继承所依赖的规则和被继承的权力的事实拥有者之间并不等同。马林诺夫斯基在考察了特罗布里恩特岛土著居民后说，女性家族的真正保护者不是女性本身，而是她的兄弟。这可以归结为一个公式：每一代人都由女人来延续世系，而实际体现者却是男人；换句话说，一个家族的权力和功能尽管不得不由女系来传承，但实际行使者却是男人。这也可以从酋长担任者的性别和在家族中的地位看出。澳洲一些部落中有从母系嗣，有从父系嗣，母系中妇女地位并不见得比父系中女子地位崇高或生活优裕。英属哥伦比亚的特林吉人和他们的近邻都是从母系嗣的，但母族的权力却操纵在舅父手中，某种财产亦由舅父传给外甥。霍皮人和祖尼人也是从母系嗣，但家族中首领是妻子的兄弟，而非妻子。在卡伊人母系社会中，酋长为男子，行父传子制。女人做过头领，在易洛魁氏族里，尽管丈夫处在卑微的特罗布里恩特岛人母系社会里，“母亲承认母舅的地位，权力却由兄弟实施，因此女人也就不可能成权威，敬礼他，就像平民敬礼酋长一样”，这是一个不可抹杀的事实。

这里还需要重新审视易洛魁母系社会，因为自从1871年摩尔根《古代社会》发表以来，易洛魁社会作为母权制社会的“典型”已被广泛引用。恩格斯在《家庭、私有制和国家的起源》中就描述过“奥华契拉”（此指母系大家族）中丈夫可怜的甚至是悲惨的境遇，“家对于他变成了地狱，除了回到自己的克兰去或在别的克兰内重新结婚以外，再没有别的出路”。在这里，每个奥华契拉都是完全独立自主的。由奥华契拉中那些有丈夫的妇女们挑选一位首领，作为氏族议事会和部落议事会中代表这一基本单位的最高首长。但是，“妇女政治决策人的地位并没有在男女之间建立平等关系，妇女本人不能参加议事会，在职的男性对主妇的任命有否决权”。这正如马林诺夫斯基所说的，一方面，女人决定权力的分配，在神话中、在禁忌的施行中、在鞠躬的礼仪中，女性享有与男性完全相等的特权；另一方面，她从未行使过与此相关的实际权力，无论任何一个氏族，都没有女人做过头领，在易洛魁氏族里，尽管丈夫处在卑微的地位，权力却由兄弟实施，因此女人也就不可能成为酋长，这是一个不可抹杀的事实。因此，易洛魁母权神话是不能成立的。事实上，国内人类学家林惠祥先生早在20世纪30年代初就指出：“真的母权即女性世系非不普通，但这应该和母权分别。“

当然，我们并不否认在有些母系社会里女性能获得较高的社会地位，美国历史学家梅里·E·威斯纳-汉克斯对北美切诺基人、非洲伊格博人的研究就充分说明了这一点，但即使这样，她也没能证明“母权”的存在。因为这些情况只能说明，女性在某些特定时期、在某些特定行业里，或者由于年龄、婚后居住方式决定的亲疏关系等因素，她们才具有相当的权力。这就表明，并非女性世系一个因素决定了妇女的社会地位。更何况，在这些社会中，妇女只是处于相对重要的位置而已。因此，母系制与母权社会之间存在着很大的差别，母系制社会中并不必然地存在“母权”。

第五节　私有制

一、私有制的起源

据近年来的考证，人类大约有三百万年的历史。在这段岁月里，人类绝大部分时间过着原始群的生活。从原始群过渡到氏族社会，距今只不过数万年。原始群是人类刚刚脱离动物界而形成的群体，群内所有男子与所有女子互为夫妻，同辈之间、长辈与晚辈之间在两性关系上都没有限制。后来，逐渐对父母与子女之间的性关系作了限制。在原始群时代，不分家庭，人们以群为单位共同劳动，共享劳动所得，生产资料为整个群体所有，没有私有财产，也没有私有观念。

人类由原始群过渡到氏族社会后，实行族外婚，男子入赘女方氏族，一群男子与一群女子共为夫妻，子女只知其母，不知其父，血缘以母系计。在母系氏族的初期，生产和消费以氏族为单位，仍然不分家庭，生产资料为氏族所有，装饰品、少许生产工具和武器由个人使用和保管。这部分物品还不称其为私有财产，可称之为个人财物。因为在当时的历史条件下，个人的力量非常渺小，任何人离开氏族便无法生存，个人完全融合于氏族之中了。既然连人自身都成为氏族不可分割的一部分，哪里还谈得上游离于氏族集体之外的私有财产呢？个人财物（生产工具和武器）的价值，只在于用来从事共同生产劳动，为整个氏族获取生活资料，除此之外，不谋求任何个人的利益。

存在决定意识。当时虽然已有“你的”与“我的”之分，但由于还不存在私有财产，不存在公与私的矛盾，自然就不会有私有观念，就不会产生占据私有财产的欲望。今天，人们往往能从原始墓葬的随葬品中，了解私有财产的出现和积累情况。不过，不能一见随葬品就认为是私有财产。据贾兰坡研究，距今约一万八千年的山顶洞人已有装饰品随葬，总不能据此认为山顶洞人时代已出现了私有财产。原始人相信灵魂不灭，认为人死之后灵魂便进入另一个世界，过着与现世一样的生活，随葬装饰品、生产工具和武器，最初仅仅意在供灵魂到另一个世界去使用，并非出于私有观念。当然，私有财产出现之后，随葬品的用意除了迷信的成分以外，又打上了私有观念的烙印。

到了母权制氏族繁荣时期，由于生产工具和生产技术的改进，劳动生产不再需要整个氏族的人共同进行了，于是母系大家庭逐渐成为基本的生产单位。一个氏族包括若干个母系大家庭，每个大家庭由一个祖母及其女儿孙女以及她们的丈夫和子女组成。同时，由于婚姻形态已由群婚过渡到对偶婚，即一个女子在一群男子中有一个主夫，一个男子在一群女子中有一个主妻，夫妻关系已相对稳定，因此母系大家庭内又有若干小家庭。不过，这时的小家庭在严酷的大自然面前还显得过于软弱，难以自立。一个大家庭往往住在一幢房子里，里面又设若干居室供小家庭居住。劳动生产以大家庭为单位进行，消费在大家庭内实行平均分配。生产单位由氏族转变为大家庭，是生产力发展的需要和结果。大家庭比氏族便于组织生产，还可实行适当分工，从而促进了生产力的进一步发展。

生产和消费改为以母系大家庭为单位后，除土地外，其他生产资料如生产工具、武器等已转归大家庭所有。由于生产条件、劳动人手和生产技能不尽相同，各个大家庭所占有的生产资料和生活资料逐渐显示出数量和质量的差别，生活水准也不一样了。于是，氏族公有制被母系大家庭所有制动摇了，这种大家庭所有制就成为从氏族公有制到私有制的中间过渡环节。反映在观念形态上，人们不再把氏族的“公”看作是天经地义的，而是较多地关心各自所在的大家庭的利益。

母系氏族后期，由于青铜工具的出现，以及第一次社会大分工即社会生产分成农业与畜牧业两大部门，促使生产单位进一步缩小，原来由母系大家庭所从事的生产劳动，如今在许多场合可以由个体家庭进行了。于是，某些生产资料开始由母系大家庭所有逐渐转归个体家庭所有。个体家庭初露端倪，私有财产便应运而生了。

由于男子在农业和畜牧业中的作用日益重要，妇女被排挤到次要地位；同时由于消费也逐渐改为以个体家庭为单位，妇女的家务劳动失去了社会公共劳动的性质，成为纯粹的私人家务劳动。这样，男子就取得了在家庭中的支配地位，家庭财产归男子所有，但是，财产仍是母系继承。根据财产必须保留在本氏族内的原则，男子死后，他的财产归他原来的氏族的亲属，即他的兄弟姐妹和姐妹的子女继承，或他母亲的姐妹的子女继承，而他自己的亲生子女因在母方的氏族内，反而不能继承生父的财产。因此，虽然出现了私有财产，但不能世代继承，这使得财产的私有性得不到保障。为此，男子要求废除母权制，结果父权制取代了母系大家庭，血缘以父系计，女子出嫁到男方的氏族。父权制出现以后，氏族制度便逐渐衰落下去了。随着生产力的进一步发展和一夫一妻制的确立，个体家庭最终成为基本的生产和消费单位，这时私有制也就初步形成了。列宁说："无论私有制或遗产，都是单独的小家庭（一夫一妻制家庭）已经形成和交换已在开始发展的那个社会制度的范畴。"这时，原先一个大家庭居住在一起的公共住宅取消了，个体家庭自立门户了。

动产之所以最先成为私有财产，主要原因在于动产是通过劳动创造出来的，是人们辛勤劳动的果实，因此动产的私有观念比较容易被原始人理解和接受。另外，动产容易携带和贮藏，可作为商品交换的媒介，这也是动产最先成为私有财产的原因。

不过，动产中尤其是家畜最先成为私有财产，并不等于在畜牧部落中最先出现了私产。因为，饲养家畜不仅限于畜牧部落，在农业部落中也有。

不动产土地是大自然的恩赐，与动产不同，对于原始人来说把土地当作私有财产是难以想象的。在逐水草而居的游牧经济条件下，土地更不容易变为私有。例如，凯撒时代的日耳曼人还过着半游牧生活，他们在一处地方居住不了一年以上，因此不可能出现私有财产。在农业部落中，土地原为部落所有，由氏族共同使用。后有氏族分配给大家庭使用，再分配给个体家庭使用，不过所有权还长期属于部落。土地采用抽签的方式每年重新分配一次，每户一份，称为份地。后来，“随着耕作方式的改善和产品出售的出现，农民们开始察觉到为了从劳动和施于份地的肥料中取得全部利益，一年的时间是不够的。他们要求把土地的分配期延长到二年、三年、七年和二十年”。分配土地的期限延长之后，有利于保护和改善土地生产力，促进农业生产的发展。又经过一段时期的演变，各户对土地的使用权变成对土地的占有权，最后便变为所有权。至此，土地自然地变成了私有财产。除土地外，森林、牧场、河流、沼泽在相当长的一段历史时期内仍然属于公有。

通过上述分析，原始公有制是以社会生产力极度低下，人们只能按原始群或氏族为单位共同劳动、平均分配为存在前提的。后来随着生产工具的改进，社会分工的出现和扩大，基本的生产单位逐渐由氏族转变为大家庭，又由大家庭转变为个体家庭。与此同时，原始公有制也就逐渐转变为大家庭所有制，又由大家庭所有制转变为个体家庭所有制，即私有制。因此，私有制是随着社会生产力的发展和个体家庭成为基本生产单位而形成的。并且，就某一部落、部族或局部地区而言，私有制的形成是一种普遍的而非偶然的社会现象，不是由少数人所为。

对于私有制的形成，历来有不同见解。目前在我国史学界，对私有制起源的某些看法，也不无值得商榷之处。例如，有一种具有一定代表性的观点说：“一些氏族部落首领和少数家长，为了占有更多的产品供自己使用，利用担任公职的方便条件，在对内分配产品、对外进行交换的过程中，把一些集体的财产窃据为己有。私人占有财产的现象便出现了。”这里有两个问题需要提出讨论：第一，那些把集体财产窃据为己有的氏族部落首领和家长，头脑里必定已经有了私有观念，不然他们怎么会想到把集体财产窃据为己有呢？现在的问题是，他们的私有观念是从哪里来的，作者没有作出解释。第二，把私有财产的出现归于一些氏族部落首领和家长把集体财产窃据为己有，这实际上是用暴力来解释私有财产出现的原因。对于这一点，恩格斯在《反杜林论》中就作过分析，他指出：“在私有财产形成的任何地方，都是由于改变了生产关系和交换关系，是为了提高生产和促进交流——因而是由于经济的原因产生的。在这里，暴力根本没有起任何作用。很明显，在掠夺者能够占有他人的财物以前，私有财产的制度必须是已经存在了。因此，暴力虽然可以改变占有状况，但是不能创造私有财产本身。”当一些氏族部落首领和家长把集体财产窃据为己有时，个体家庭已经出现，私有财产和私有观念亦已产生，他们的所作所为只是改变了财产的占有状况，增加了他们自己的私有财产的积累而已。

二、私有制的主要表现

（一）生活资料的私有

自有人类开始便有生活资料的生产，并属于制造者和使用者所有。《家庭、私有制和国家的起源》指出："男女分别是自己制造的和使用的工具的所有者：男子是武器、渔猎用具的所有者，妇女是家内用具的所有者。这是讲新石器时代对偶家庭阶段的状况，当时丈夫的责任是获取食物，并制造为此目的所需的劳动工具，他是这些劳动工具的所有者。离婚时，他要随身带走这些工具和自己的衣物，游牧部落还要带走他饲养的牲畜。妻子只能保留属于她自己的家庭用具。这就是人类最早的私有财产。由于原始公社的生产力低下，必须依靠群体合作劳动才有所获，食物的获取、园圃的开垦和种植、住所和小船的制造，均是集体劳动产品，都属于共同财产。人类远古时代即存在财产所有的公私两制。随着生产力的发展进步，公有制逐渐减少，到新石器晚期，原为公有制的多转变成私人所有。

（二）动物驯养业的产生

此时，生活在水草丰茂地区的猎人，开始驯养捕获的野兽，野兽很快繁殖成群，给人提供了丰富的生活资料。动物驯养业使当时的社会出现了四个方面的新景象：其一，由大家族集体狩猎变为对偶家庭（以后是个体家庭）饲养和看管牲畜，牲畜逐渐变为家庭的私产。其二，原先从事采集的妇孺也渐渐放弃采集，转为饲养牲畜和家务劳动。其三，由于牲畜迅速繁殖，需要更多人看管，人们遂以俘虏为奴，补充驯养业发展所需的劳动力。所以《家庭、私有制和国家的起源》指出："第一次社会大分工，在使劳动生产率提高，从而使财富增加并且使生产领域扩大的同时，在既定的总的历史条件下，必然地带来了奴隶制。其四，可以生产食用后有余的肉、皮、毛等生活资料，促进游牧部落与非游牧部落的交换。这四方面显示，一旦动物饲养业发生，便开始了财富私有的历史。

（三）耕地私有

与动物饲养业产生的同时，亚洲亚热带地区的一些部落，开始在住所附近种些可食的植物，进而种植谷类，供人畜食用，猪狗等家禽逐渐被饲养起来。以前人们用主要精力采集，现在则用于园圃种植。种植业兴起，向农业部落发展。种植所获属种植人所得，园圃也属自家所有，唯大面积可耕地仍是公有。《家庭、私有制和国家的起源》指出：耕地仍然是部落的财产，最初是交给氏族使用，后来由氏族交给家庭公社使用，最后交给个人使用；他们对耕地或许有一定的占有权，但是没有更多的权利。此处讲的占有权即是使用权，当时个人还没有耕地所有权，只有取消耕地定期重新分配以后，耕地才由氏族公有变成各个家庭的私有财产。农业部落种植私有较游牧部落牲畜私有晚些，而耕地私有则更晚，有些民族直到阶级社会产生以后，还未完成耕地私有的转化。

（四）交换

第一次社会大分工开始了游牧部落的牲畜、畜产品与非游牧部落产品之间的物品交换，它促进人们占有私有财产的发展。到野蛮时代高级阶段，人们已知冶炼金属，这在很大程度上促进了生产力的进步，农产品日益丰富，使手工业生产获得必须的原料。在此条件下，农牧民普遍从事家庭手工业以供自需。手工业生产日益多样化。在像雅典那样的城市，便有越来越多的人专门从事手工业生产，于是发生了第二次大分工：手工业和农业分离了，开始出现商品生产。当历史发展到即将进入文明时代时，又产生了一个不再从事产品生产而只从事产品交换的阶级——商人。这便是社会第三次大分工。金属货币铸造出来了，土地可以买卖和抵押，财富迅速集中到一个人数很少的阶级手中，贫民和奴隶的人数迅速增加，奴隶的强制性劳动构成了整个社会的上层建筑所赖以建立的基础。当人也变成私有财产的时候，便开始了阶级对立的历史。随着生产力的发展，被视为财产的东西渐次增多，每当一种东西被人们认定为财产时，它便属于私有物，由使用权上升为所有权，向私人所有制全面发展。而在财产私有制形成中，继承制又起着至关重要的作用，最初由氏族继承，而后由大家族（宗族）继承，最后才由家庭的子女继承。较妇女拥有更多财产的男子，总不愿意死后其财产归他人所有，遂用强行手段切断妇女群婚行为，废除按女系计算世系和母系继承权，要她严守贞操，给自己生下属于自己血统的子女，确立男系计算世系，实行父系继承法，让亲生子女继承自己一生挣来的财产。《家庭、私有制和国家的起源》认为，实行父系继承法是人类所经历过的最深刻的革命之一。依靠它，私有制得到全面巩固和世代的延续。

三、私有制的历史地位

随着私有制的形成和小生产的分化，社会上出现了贫富差别和剥削，出现了阶级对立。氏族部落贵族和军事贵族为了满足自己的贪欲，组织效忠个人的亲兵，频频发动战争，向外掠夺财富和奴隶。于是，战争成为了一种经常的职业。摩尔根说："由于武器的改良和战争动机的增加，在野蛮社会中，战争对于生命的毁灭超过了蒙昧社会。"战争给人民的生命财产带来了重大的损失，也使社会经济遭到了严重破坏。战争是私有财产和阶级出现以后的产物。在此之前，部落之间的冲突，从严格意义上说还不能算是战争。

从奴隶制度形成之初起，剥削阶级还经常颁布法令，制定法典来保护私有财产权。例如约公元前451年罗马的《十二铜表法》规定，成年人于夜间践踏他人的农田或偷割他人的庄稼者要处以死刑。上述规定既表明刑罚的残酷，又从侧面反映了当时共产制经济的遗风尚存，人们关于私有财产不可侵犯的观念还比较淡薄。

继奴隶制度之后，封建制度、资本主义制度都是建立在私有制基础之上的。阶级社会中出现的一切祸害和罪恶，劳动人民蒙受的一切苦难，都同私有制密切相关。这些不再赘述，现在需要探讨的是，如何评述私有制的历史地位。对于这个问题，每个人的见解不尽一致。有的作者认为："在向阶级社会过渡的时候，私有制曾起过积极的作用。然而，当它一旦成为剥削阶级法律的宠儿，就走向反面，而成为一切罪恶的渊薮了。"这一论断未免有失偏颇。事实上，私有制所起的积极作用，绝不限于向阶级社会过渡的时候。下面就私有制的历史地位问题作较为全面的考察。

第一，私有制取代原始公有制适合当时生产力的发展要求，导致氏族制度的解体。建立在原始公有制基础上的氏族制度，曾经引导人类度过了自己的童年时期，因此有其存在的必然性和必要性。但是，氏族制度并不是一种理想的制度。那时尽管没有剥削和压迫，人类却在很大程度上受到大自然的支配。由于基本生活资料不足，在许多原始部落中存在杀死婴孩和老人的习俗。这在今天看来是太残酷了，但在当时是不得已而为之的。普列汉诺夫说得好："野蛮人的生活条件在某种程度上正是这样的，即杀死非生产的成员对社会来说是一种合乎道德的责任。既然他们处在这样的条件下，所以他们不得不杀死多余的孩子和精疲力尽的老人，这也就说明了下面这个自相矛盾的现象：杀死孩子和老人的事情有时候是发生在一些抱有强烈的父母感情和对于老人十分尊敬的部落里。问题不在于野蛮人的心理，而在于他们的经济。"出于同样的经济原因，在氏族社会里还相当普遍地存在食人之风，摩尔根在北美洲和中南美洲的印第安人中均有发现。

后来，由于人类改造自然的能力不断增强，大家庭以及随后出现的个体家庭取代氏族成为基本的生产单位，于是氏族制度便完成了它的使命，成为一种过时的社会制度。作为氏族制度存在基础的原始公有制失去其存在的意义，成为生产力发展的障碍，最终被私有制所取代。

私有制的形成，使生产者和生产资料直接相结合，并在分配上取消了平均主义，这有利于调动生产者的积极性，进一步发展社会生产力。同时，私有制形成后，个人得以自由支配自己的产品，个人之间的交换遂成为唯一的交换形式。随着交换的扩大，便出现了作为一般等价物的货币，以及专门从事商品交换的阶级——商人。用于交换的商品，除了日益增多的农、牧、手工业产品外，土地和人本身，即奴隶也成了商品。闭塞的氏族制度同商品货币经济是不相容的。最后，氏族制度不可避免地解体了。于是，人类告别了蒙昧和野蛮，迎来了文明的曙光。马克思引用摩尔根的话说："私有财产曾经是把雅利安族和闪族引出野蛮状态并把他们带到文明领域的力量。"这一结论同样适用于其他民族。

第二，私有制是新兴奴隶主反对氏族制度残余的有力武器，促使奴隶制经济和文化得到长足发展。在奴隶社会初期，氏族制度虽然已解体，但其残余还相当浓厚。原先的氏族部落酋长和军事首领成为氏族贵族，他们不仅占有较多的土地和其他生产资料，从经济上剥削平民和奴隶，而且他们还竭力维护氏族制度的某些职能和旧的传统势力，利用管理氏族公共事务的权力谋取私利。例如，在雅典，直至梭伦改革之前，死者的财产还必须留在本氏族内，为此甚至破除了禁止氏族内部通婚这一根本规则，强迫因无兄弟而独自继承父亲遗产的女子，即所谓承宗女只能在本氏族内婚配，以免她与别的氏族的人通婚而把财产转移到丈夫的氏族去。又如，在罗马，《十二铜表法》规定遗产的继承顺序为：首先是死者的子女，其次是死者的同宗亲属，再次是本氏族成员。本氏族以外的人，包括死者的姊妹及女性后裔所生子女均无权继承。上述规定限制了财产的私有性，束缚了奴隶制经济的发展。因此，氏族贵族所代表的是一种落后的生产关系。

处于氏族贵族对立面的是平民。作为小私有者，平民不断两极分化，其中大部分人，即农民和手工业者由于债务等原因日益贫穷、破产，成为氏族贵族的奴役对象，甚至沦为债务奴隶；小部分人靠从事工商业，掠夺海外奴隶，发家致富，成为工商业奴隶主。这部分上层平民拥有经济实力，也就是说他们手中掌握有大量私有财产，但在政治上和经济上都受到氏族贵族的压抑和限制，例如上文所说的，他们的财产必须留在氏族以内，不可自由处置。因此，工商业奴隶主从自身利益出发，要求清除氏族制度的残余，取消氏族贵族的特权，进一步发展工商业。由此可见，工商业奴隶主是新的生产力的代表者，他们同氏族贵族的斗争是革新与守旧的较量。

工商业奴隶主在与氏族贵族的斗争中，自感力量不足，于是同下层平民实行联合。为此，他们在自己的政策中也适当考虑了后者的利益。

梭伦时代是雅典工商业奴隶主同氏族贵族斗争的决定性阶段。梭伦改革，首先，规定仅仅按私有财产多寡把雅典人分为四个等级，前三个等级可担任不同级别的官职，这就废除了氏族贵族的特权，打破了他们对政权的垄断局面。其次，梭伦规定，一个人如无后嗣，可以通过立遗嘱的方式，随意指定遗产继承人，于是私有财产进一步有了保障，同时，这是对氏族制度残余的又一次打击。再次，梭伦颁布“解负令”，取消债务，废除债务奴隶制，这既削弱了氏族贵族的部分经济势力，又满足了下层平民的部分要求，一举两得。上述改革内容归结为一点，即如恩格斯所说："这样，在制度中便加入了一个全新的因素——私有财产。国家公民的权利和义务，是按照他们的地产的多寡来规定的，于是，随着有产阶级日益获得势力，旧的血缘亲属团体也就日益遭到排斥：氏族制度遭到了新的失败。"梭伦改革的历史意义和梭伦本人的历史功绩就在于此。

至于有的作者谈到梭伦改革的不彻底性时，指责他"没有也不愿满足下层平民重分土地的要求"，这就不免苛求于古人了。因为，梭伦毕竟是工商业奴隶主，即剥削阶级的政治代表，他所反对的只是氏族贵族的特权，并不反对被剥夺了这种特权的氏族贵族继续占有土地，剥削下层平民（只是剥削方式有所限制，例如不能再将平民作为债务奴隶）。梭伦自己也说："即使是那些有势有财之人，也一样，我不使他们遭受不当的损失。"同时，梭伦所代表的工商业奴隶主和下层平民在反对氏族贵族的斗争中，尽管有利益的一致性，但他们之间毕竟是剥削者和被剥削者的关系。因此，我们不能要求梭伦改变其工商业奴隶主的立场，剥夺氏族贵族的全部土地，来满足下层平民重分土地的要求。

继梭伦之后，克利斯提尼又于公元前509年实行改革，以十个地域部落代替原先的四个血缘部落，这样就清除了雅典氏族制度的残余。

梭伦以及克利斯提尼的改革，为雅典民主政治的确立，为雅典奴隶制经济和文化逐步走向繁荣扫清了道路。

罗马历史上平民与贵族的斗争，同雅典有些类似。公元前六世纪中叶，塞维·图里乌实行改革，按财产多寡将罗马公民分为五个等级，并将罗马的三个血缘部落改为四个地域部落，从而打击了氏族贵族的特权和旧的传统势力，但氏族贵族仍是一个闭塞的集团，不与平民通婚，《十二铜表法》中对此有明文规定。后经过斗争，平民于公元前445年获得与氏族贵族通婚的权利。依据李锡尼法案，平民又获得担任高级官职执政官的权利。当然，实际获得上述两项权利的只有平民上层，即新兴奴隶主。不过，下层平民的利益也适当得到满足，例如，公元前326年通过一项法律，禁止因债务关系而将罗马公民夷为奴隶，于是债务奴隶制被废除了，罗马奴隶主转为大批奴役外族奴隶。此后，罗马历史上仍有平民与贵族的斗争，但其时代背景和阶级内容与之前大不相同了。

随着氏族制度残余的消灭殆尽，罗马约于公元前265年统一了意大利，然后又向海外征略疆土，与此同时，罗马的奴隶制经济和文化获得了长足发展。

雅典和罗马的史实说明，私有制是新兴奴隶主反对氏族制度残余，发展奴隶制经济的有力武器。因此，奴隶主私有制在奴隶制度形成前后的一段历史时期内适合生产力的发展，起到过积极作用。

诚然，上述三种私有制毕竟是剥削阶级私有制，即使在它们基本适合生产力发展的时期，也同样给劳动人民带来过种种苦难和不幸。但是，这一点不能成为我们评论阶级社会中各种历史现象的主要依据，我们的主要依据应当是每一种历史现象是促进还是阻碍生产力的发展。恩格斯针对奴隶制所说的一段话，充满了历史辩证法，他说："用一般性的词句痛骂奴隶制和其他类似的现象，对那些可耻的现象发泄高尚的义愤，这是最容易不过的做法。可惜，这样做仅仅说出了一件众所周知的事情，这就是：这种古代的制度已经不再适合我们目前的情况和由这种情况所决定的我们的感情。但是，这种制度是怎样产生的，它为什么存在，它在历史上起了什么作用，关于这些问题，我们并没有因此得到任何的说明。如果我们对这些问题深入地研究一下，那我们就一定会说——尽管听起来是多么矛盾和离奇——在当时的条件下，采用奴隶制是一个巨大的进步，甚至对奴隶来说，这也是一种进步，因为成为大批奴隶来源的战俘以前都被杀掉，而在更早的时候甚至被吃掉，现在至少能保全生命了。”全部阶级社会的历史就是在经常的矛盾中不断由低级向高级发展的。

第三，自人类进入文明社会以后，除了奴隶主私有制、封建主义私有制和资本主义私有制以外，在各个历史时期还不同程度地存在着小私有制，主要是小农和手工业者的私有制。这种小私有制是劳动者通过自已的劳动或者主要通过自己的劳动而积累起来的，它同前三种剥削阶级私有制有本质区别，在历史上更是起过积极作用。

第六节　阶级社会

经常性剩余产品的出现，为原始社会公仆向阶级社会主人的嬗变提供了现实可能。在原始社会初期和中期，生产力极不发达，人们通过集体协作、艰苦劳动取得的生活资料，仅能维持最低水平的生活，几乎没有剩余，或者偶尔有少量剩余。在这种情况下，如果一部分人占有太多，另一部分人就会被饿死，这种生产方式也就决定了当时不可能产生有闲阶级和特权人物。随着生产力的发展，人类步入新石器时代的末期，人们在实践中不断总结经验，革新技术，使用新的工具，特别是金属工具的使用，使人们征服自然的能力大大增强，获得的生活资料越来越多，出现了经常性的剩余产品，这给社会生活带来了质的变化，经济稳定性增长了，生活水平提高了，人口也急剧增加了，社会结构开始复杂化了，人们的心理也发生了某种变化。虽然这一切不会使原始公社关系自动解体，但却为原始社会末期公仆占有剩余产品提供了可能。民族学和考古学资料都一致说明，这种从原始社会公仆到阶级社会主人的嬗变的征兆已指日可待。

交换的出现和扩展为原始社会末期社会公仆向阶级社会主人的嬗变提供了便利。交换在旧石器时代就已经产生，当时社会生产不发达，用来交换的东西不多，交换只是偶然发生的行为。随着生产力的发展，经常性剩余产品的出现，为氏族公社专门化产品的交换打下了牢固的基础。氏族社会有了一定数量的剩余产品，就能让一些氏族成员分出更多的时间从事某种专门的手工业，于是在氏族社会中出现了专门的制陶、制铁器工具、制箭头的工匠，这种专门化人才越多，用于交换的剩余产品就越多，这不仅扩大了交换的范围，而且使交换成为必不可少的环节。因为在氏族公社内部的专门化还不发达的条件下，大部分产品只有通过交换才能销售出去，从而换取公社成员需要的食品，交换的扩大又刺激了剩余产品的生产，马克思写道：交换的不断重复使交换成为有规则的社会过程，因此，随着时间的推移，至少有一部分劳动产品必定是有意为了交换而生产的。

随着交换的不断扩展，商品生产第一次成为可能，起初是以极其原始的、不发达的和萌芽状态的形式出现的，剩余食品以及为生产这些食品而制作的工具、各种装饰品成了最早的商品。商品的出现，促使作为早期的价值标准和交换手段的原始货币应运而生，在一些地方出现了已经积累起来而不供交换的财富的特殊单位：铜板、贝壳等。这就为原始社会末期公仆占有剩余产品或商品提供了便利，因为作为一般意义的剩余产品往往难以贮藏，易于腐烂，而作为特殊形式的剩余产品的原始货币易于收藏和保管。原始货币的出现，进一步刺激了商品生产，而商品生产的扩大，又促进了原始公社之间生产的专门化，同时，也为公社内部的专门化生产开辟了道路。这种专门化生产，提高了劳动效率，带来了越来越多的剩余产品，使原始公社之间以及公社内部之间的交换日益扩大。这种交换最初是在公社酋长或部落首领之间进行，他们利用自己负责交换的有利地位，占有公社社员的剩余产品，促进了财富的积累，促进了财产不平均现象的产生和巩固，这也就说明了正在解体的原始社会中的氏族和部落族往往要垄断交换业务的原因。

领导者和执行者的分工使原始社会公仆向阶级社会主人的嬗变成为现实。在原始氏族社会中，为了组织生产，管理生活，处理各种公共事物，维护氏族、部落的公共利益，设立了各种管理机构和管理人员，如氏族议事会、部落议事会、酋长、首领、祭司、司库等，他们是为氏族公共事物服务的公仆，具有一定的职责。为了能够有效地执行自己的职责，氏族、部落往往赋予他们一定的职位和权利，这种权力和职位为之后他们从社会公仆嬗变为社会主人提供了便利。例如，在原始社会末期，一些氏族酋长、部落首领，他们在对集体利益保持表面上的关心的同时，还暗暗或甚至公开地占有氏族成员的剩余劳动和剩余产品，巩固个人的经济和社会地位。在加泽尔岛上，首领是公共基金保管人，他便从中为自己捞取好处：支付娶妻子赎金，使青年人变为自己的债户，雇人清理自己的园林。在马纳姆岛上，首领们借口为节日做准备，强迫社员在自己园地上干活。在巴松戈人和麦奥姆别人那里，首领们把规定帮助亲属的部分公社基金用作私人需要的开支。非洲许多民族的首领和酋长把公社的一些土地给其他公社来的人使用，从而收取礼物，得到实惠。这样利用分工得来的有利地位，掠夺氏族成员的财产，嬗变为社会主人，恩格斯在《家庭、私有制和国家的起源》中早就明确地指了出来：阶级的形成的一切发端，都只是与生产相联系的；它们把从事生产的人分成了领导者和执行者。在《反杜林论》中，他还指出因领导者与执行者的分工而造成氏族公社内部两大对立集团的出现作为两条最常见的道路之一。

这条道路是这样走过来的。原始公社一出现在人类历史上，其内部就必然有着一定的共同利益。为了维护这些共同利益，公社必须让也只可能让少数成员来担负一定的责任，如解决争端，执行宗教职能等。这些责任必然由生产过程中起领导作用的成员来担当。随着生产力的发展，社会财富的增加，出现了比氏族更大的组织：胞族——部落——部落联盟，与此相适应也就必然建立了相应的执行社会职能的管理机构，这种管理机构的本来宗旨是为广大氏族成员服务，处理各种日常事务。但由于机构一级比一级大，一级比一级离生产过程远，在对每个单个的公社的关系上已经处于特别的，在一定情况下甚至是对立的地位，它们很快就变得更加独立了。这种机构的独立性的形成，除了历史的必然性以外，还在于管理职务的世袭，使得机构具有相对的稳定性。这些独立于社会的领导成员本来只是生产过程中的领导者，而在此时却慢慢地开始由社会公仆变为社会主人，他们原来担负的领导职能逐渐变为统治职能。最后，各个统治人物集结成为一个统治阶级。

恩格斯在这里主要阐明了在阶级必然形成的经济前提

和历史条件下，到底由哪些人来充当剥削阶级的实体问题，即剥削阶级怎样组成的问题。我们知道，阶级产生的经济条件与社会生产力水平密切相关，随着生产力的发展，劳动创造的社会产品除保证社会全体成员维持最起码的生产需要以外，还有少量剩余，出现经常性的剩余产品。这就为少数人占有剩余产品提供了可能。那么到底由哪一部分社会成员来占有这些产品呢？主要是恩格斯所分析的原来在生产过程中起领导作用，后来把这种领导作用变成对社会大多数成员的统治作用的社会成员。这些社会成员又是怎样嬗变为剥削者的呢？凭借他们个人占有的生产资料吗？在阶级形成过程的后期，他们是这样的。因为在把握生产资料的基础上，他们可能迫使奴隶为其劳动，从而进行剥削，如同恩格斯阐明的阶级形成的第二条道路那样。但是，在将公社以外的人员变成奴隶时，与其说这些奴隶是氏族全体成员的奴隶，不如说他们只是为那些在氏族公社中担负一定责任的领导成员服务的奴隶，因为这时氏族公社公有的生产资料已经被那些领导成员所控制。这些处于生产过程中的领导者代表整个公社占有和支配公社的财产和生产资料，当然也可以占有和支配公社所有的奴隶。在把握生产资料的基础上，氏族领导成员也可以奴役氏族公社内部的其他成员。问题在于，这些生产资料并非天生就在他们手中，他们最初夺取生产资料的活动，他们假借公社名义控制生产资料支配权的活动，又是以什么为凭借呢？答案只能是凭借他们的领导地位。生产中的领导者既可以利用领导地位逐渐夺取氏族公有生产资料（如土地和劳动工具所有权），也可以利用领导地位直接形成对执行者即氏族大部分成员的奴隶关系，从而占有一部分剩余产品，从氏族社会的公仆嬗变为阶级社会的主人，这就是氏族内部阶级形成的主要过程与基本特征。

以家长制公社财产最后绝大部分演变成为家长个人的私有财产为例。最初，公社内部的全体成员住在一起，共同耕种田地，衣食都出自共同的储存，共同占有剩余产品，没有剥削，没有压迫，大家处于平等地位。虽然整个公社处于家长的最高管辖之下，但他们的权力还只局限于对外代表公社，有权出让小物品，掌管账目，并对账目和整个家务的正常经营负责，公社的最高权力还集中在家庭公社，大家共同商量决定，家长不能凌驾于这种会议之上，更不能独断专权，谋取私利。但是，随着家长制权力进一步巩固和扩大，家长从这种管理中慢慢派生出了财产的支配权，利用这种支配权，家长又逐渐僭夺了公社的财产所有权。家长渐渐取得资格代表整个家庭公社享受和支配所有的财产和产品。家庭公社的财产也就成了家长们的特殊财产。他们利用对产品和财产的支配权来处理日益增多的剩余产品，并且在处理过程中暗暗甚至公开将剩余产品据为己有，这就形成了对公社其他成员的奴隶关系。公社的财产被家长们侵吞得越来越多，最后，竟至大部分成为他们实际上的私有财产。此时，财产的支配权与所有权就结合在家长手中。公社内部的阶级分化已经十分明显，大多数家庭成员要求摆脱家长的剥削——对剩余产品的侵吞，要求对公社财产主要是土地等实行使用权的分配，进而要求实行所有权的分配，实行土地的共同占有和共同耕作的家长制公社，现在就具有了和以前完全不同的意义。

恩格斯对家长制公社中财产所有权变化的原因实际上已经提了出来。他说：这些新的财富归谁所有呢？最初无疑是归氏族所有，然而对畜群的私有制，一定很早就已发展起来了。很难说，亚伯拉罕族长被看作畜群的占有者，究竟是由于他作为家长公社首领所拥有的权力，还是由于他作为实际上世袭氏族酋长而具有的地位，对亚伯拉罕族长占有公共财产的原因，恩格斯只是说不准他到底是利用作为家庭公社首领所拥有的权利，还是作为实际上世袭的氏族酋长而具有的地位，但离不了两者之一，或者是两者兼有。恩格斯还这样谈起近代爱尔兰的情况：农民向土地所有者租种耕地，土地所有者在农民的眼中还俨然是一种为了全体利益而管理土地的克兰的首领；农民以租金的方式向他纳贡，并认为在困难时也应得到他们的帮助。这种情形使他重新意识到那里的居民还是多么严重地生活在氏族时代的观念中。这里，他暗示了这些土地所有者是氏族时代中为了全体成员而管理土地的克兰的首领转化而来，这些首领因分工担任生产过程中的领导者，为了氏族的共同利益而管理土地，又将一部分因分工而管理的公共土地转化为出租土地，以此获得含有剥削内容的租金，形成一种新的剥削关系，从社会公仆嬗变为社会主人。

除了从公社内部侵吞氏族财产逐渐嬗变成为社会主人的情况外，还有一些军事首领直接通过对其他部落的掠夺而成为社会的统治者。在原始社会末期，由于生产力的进一步发展，私有财产的出现，氏族、部落、部落联盟之间，频繁地发生旨在掠夺土地、财富、牲畜和人口的掠夺性战争，正如恩格斯在《家庭、私有制和国家的起源》中所说，进行掠夺在他们看来是比进行创造劳动更容易甚至更光荣的事情。为了取得战争的胜利，军事首领在原始社会中的地位和作用也就越来越重要。在开始的时候，军事首领只是凭借自己在战争中的勇敢和指挥才干而被氏族成员在民主的基础上选举产生，而且这种选举与其家庭出身无关，职务也不是世袭，对不称职的首领可以罢免。同时，军事首领的权利局限于军事、祭祀和一定的审判方面。正如恩格斯在论述德意志部落军事首领时指出："他们的权力很小，必须以自己的榜样来影响别人，军事首领没有行政方面的统治权，同时也不是世袭的。这是和后来社会阶级中的君主或国王本质不同的地方。但是到后来，军事首领的产生逐渐发生了变化，当这个职务出缺必须递补时，其兄弟或姐妹之子拥有优先权。在希腊父权制下，这个职务通常传给儿子。随着战争剧烈程度的进一步加强和战争范围的进一步扩大，掠夺战争加强了最高军事首领的权力。”在这种情况下，军事首领的产生方式便由选举逐渐改为世袭。特别是在远离本土的战争进行过程中，军事首领由于具有种种便利条件，在征服该地区之后，通过掠夺被征服氏族的生产资料和生活资料，把抓到的被征服氏族的成员变为奴隶。这样，军事首领就自然而然地成为新征服地区的统治者，从社会公仆嬗变为社会主人。

第七节　国家

一、国家起源

恩格斯从家庭这个社会的细胞进行分析，认为家庭在国家的起源过程中发挥了重要的作用。家庭一开始就进入历史的发展过程中。他认为家庭不仅仅是私人领域的事情，而且是一种基本的社会制度和社会关系。家庭是个能动的因素。它从来不是静止不动的，而是随着社会从较低级阶段向较高级阶段发展，从较低的形式向较高的形式过渡的。在家庭形式的发展过程中，恩格斯考察了家庭与氏族、家庭与私有制的关系，认为家庭起初是唯一的社会关系，当需要的增长产生了新的社会关系时，这种家庭便成为从属关系了。家庭在不同的时期具有不同的动力，因此家庭是一个历史的范畴，并不断发展变化，从家庭的发展变化中，我们也可以寻找出国家产生的深层次原因。

在家庭的发展过程中，建立起了以母系氏族为纽带的血缘关系的氏族。氏族源于一个共同始祖母，是一群血缘相近的人们。母系氏族最古老。19世纪易洛魁人正处在氏族社会发达阶段，保留有氏族、胞族、部落和部落联盟一系列完整结构。《家庭、私有制和国家的起源》第三章专门进行研究，逐一阐明它们的特点。氏族、胞族、部落和部落联盟，均是易洛魁人氏族制度的各层社会组织。恩格斯赞道：这种十分单纯质朴的氏族制度是一种多么美妙的制度啊！没有大兵、宪兵和警察，没有贵族、国王、总督、地方官和法官，没有监狱，没有诉讼，而一切都是有条有理的，家户经济是由一组家庭按照共产制共同经营的，土地是全部落的财产，仅有小小的园圃归家户经济暂时使用，可是，丝毫没有今日这样臃肿复杂的管理机关。一切问题都由当事人自己解决，在大多数情况下，历来的习俗就把一切调整好了。不会有贫穷困苦的人，大家都是平等、自由的，包括妇女在内。各民族在没有分化为阶级以前，其社会亦是如此。由于生产力的发展而促进私有制和阶级产生之后，才使这种古老的氏族制度崩溃，发展成为父系氏族。后来由于父系氏族的建立，子女开始继承财产，促进了财产积累于家庭之中，并且使家庭变成一种与氏族对立的力量。父系氏族产生于早期阶级社会的前夜，是它促进了阶级社会的产生。《家庭、私有制和国家的起源》第四、六、七章对古希腊人、古罗马人、克尔特人和德意志人的父系氏族情况进行描述，其中以古希腊人氏族最为典型。父系氏族乃是母系氏族更高一级的氏族，不同的是父权制按父系计算世系和继承财产，实行私有制，部落战争频繁，开始把俘虏当作奴隶，氏族和部落内部混杂有外族人，军事首领职权已开始与议事会和人民大会的职权相对立，这些都表明氏族制度在崩溃中。历史发展到这个阶段，所缺少的只是这样一个机关，它不仅可以保障个人新获得的财富不受氏族制度共产制传统的侵犯，不仅使以前被轻视的私有财产神圣化，并宣布这种神圣化是整个人类社会的最高目的，而且还给要相继发展起来的获得财产以不断加速财富积累的新的形式，盖上社会普遍承认的印章。所缺少的只是这样一个机关，它不仅使社会开始分裂为阶级的现象永久化，而且使有产者阶级剥削无产者阶级的权力，以及前者对后者的统治永久化。而这样的机关也就应运而生了——国家被发明出来了。国家是父系氏族历史的继续。《家庭、私有制和国家的起源》在以后四章里探讨国家起源时，提到父系氏族，此处所占篇幅比易洛魁人氏族多三倍多。财产的差别，通过世袭显贵和王权的最初萌芽的形成，对社会制度产生反作用。人们对社会财富通过诸如掠夺财物、家畜等手段，使得财富不断地积累到少数人手中，从而引起私有财产的不断增加，因此社会出现了分化，少数人占有了社会的巨大财富，多数人却陷入了贫穷之中，处于被压迫、被奴役的状态之中。因此需要一个机关，它不仅可以使正在开始的社会划分为阶级的现象永久化，而且可以使有产阶级剥削无产阶级的权利以及前者对后者的统治永久化。

由于生产力的不断发展，出现了第一次社会大分工，使游牧民族从其他农耕民族中分离出来，在这一阶段中出现了青铜器，由于畜牧业、农业、手工业生产的增加，使人的劳动力能够产生剩余的产品，因此每个氏族成员的劳动量大大增加，必须提供足够的劳动力，而战争提供了足够的劳动力，把俘虏变成奴隶。劳动生产率的不断提高，不仅使财富增加，而且使生产的规模扩大，也出现了社会的分裂，分裂为两个阶级——奴隶主和奴隶，剥削者和被剥削者。随着父权制的建立，每个家庭开始与氏族进行抗衡。随着财富的进一步增加，生产技术的改进，于是出现了第二次社会大分工，手工业开始与农业相分离，因此商品生产开始出现了，海外贸易也出现了。在此基础上，穷人和富人的差别拉大了，由于新的社会分工，使社会又出现了新的阶级划分，土地开始积聚到家庭手中，并向完全的私有财产过渡。氏族的首领利用手中的权力，使权力集中到少数人手中，从一个自由处理内部事物的组织转变为掠夺和镇压邻人的组织，而氏族的各种机关也相应地从人民意志的工具转变为旨在反对自己人民的一个独立的统治和压迫机关。发生这种情况的原因是由于氏族内部的不均衡性导致氏族内部发生了分化。由于前两次社会分工，特别是通过加剧城市和乡村的对立，因而出现了第三次社会大分工，使商业从农业和手工业中分离出来，形成了一个只从事交换的阶层，使社会财富的积聚更加不均衡。反映在政治上，由于氏族制度已经不能适应生产力发展的要求，而社会又出现了奴隶主和奴隶，富人和穷人，这两种社会矛盾无法进行调和，因而必须出现第三种统治力量，以使社会在一个可控的范围内活动。

由此可见，国家绝不是从外部强加于社会的一种力量，国家也不像黑格尔所断言的是道德观念的现实、理性的形象和现实。恩格斯说国家是社会发展到一定阶段的产物，意思是说：这个社会陷入了不可解决的自我矛盾，分裂为不可调和的对立面而又无力摆脱这些对立面，为了使这些对立面、这些经济利益互相冲突的阶级不致于在无谓的斗争中把自己和社会消灭，就需要一种表面上驾驭社会的力量，这种力量应该缓和冲突，把冲突保持在秩序的范围内，这种从社会中产生而又自居于社会之上并且日益同社会脱离的力量，就是国家。恩格斯用精辟的语言揭露了国家的产生及其实质，从这段话可知，国家是阶级范畴，是阶级矛盾不可调和的产物。由于私有财产制度的建立，从而为国家的产生奠定了经济基础，而阶级矛盾的不断尖锐化是国家产生的政治基础，由于生产力的不断发展，三次大分工的出现，出现了奴隶主和奴隶、富人和穷人，而二者之间的矛盾又不可调和，因此需要有第三种力量来使对立阶级在一个特定范围内活动，从而需要建立一个机构来管理社会和实行阶级压迫，于是第一个奴隶主阶级专政的国家便产生了。国家又是一个历史范畴，它不是从来就有的，而是社会发展到一定阶段的产物，他不是从外部强加于社会的力量。在原始社会，由于生产力水平极其低下，没有剩余产品，国家便不会出现；但随着生产力的发展，出现了剩余产品，国家也便出现了。国家的职能是缓和社会冲突。为了维护统治阶级的利益，国家必须要使阶级斗争在一个合理的范围内。但这种缓和是相对的，它不可能从根本上解决阶级矛盾。国家是产生于社会之上又凌驾于社会之上的，并且日益同社会脱离的力量。国家又是一定阶级关系的产物。国家一旦建立，要施行自己的职能，必须要凭借它所掌握的暴力工具和所建立的法律，使自己居于至高无上的地位，从而凌驾于社会之上。因此，国家只代表统治阶级的利益。

二、《家庭、私有制和国家的起源》中叙述的欧洲国家起源的三种类型

第一类型，雅典国家的形成。它是在社会经济发展到阶级社会的条件下，直接从氏族结构中逐渐发展起来的。世界上多数民族的国家（包括中国）起源都属这一类型。《家庭、私有制和国家的起源》在第五章以希腊人父系氏族的资料进行了说明，并指出雅典国家的产生乃是一般国家形成的一种非常典型的例子。

第二类型，罗马国家的形成。罗马国家也是从罗马人父系氏族基础上发展来的。公元前7世纪至公元前6世纪，在生产力发展、地区扩大和人口增加的条件下，整个罗马人民形成三部分：即出身于氏族上层的贵族阶层，他们拥有大量私有财产，属于保护人；广大氏族人民日益贫困，依附贵族，平时为其劳役，战时出征，是贵族的被保护人；第三种人是外族人，他们是自由人，可占有地产和经商，但不能做官，不能参加人民大会等，他们没有权利，也不受法律保护，他们是平民阶层。被保护民和平民阶层与贵族存在着阶级对

立，平民与贵族的对立尤为严重，斗争激烈，平民最后战胜氏族贵族，建起罗马国家。

第三类型，德意志国家的产生。民族大迁徙时代，德意志人曾是父系氏族社会，有部落和部落联盟组织，但还未发展成国家。德意志人在征服了罗马帝国之后，在其废墟上改造自己原有的氏族机关并设置一部分新的机关的基础上，建起了国家。

综上所述，这就是国家在氏族制度的废墟上兴起的三种主要形式。雅典是最纯粹、最典型的形式。雅典国家是直接地并主要地从氏族社会内部发展起来的阶级对立中产生的。在罗马，氏族社会变成了封闭的贵族制，它的四周则是人数众多的、站在这一贵族制之外的、没有权利只有义务的平民；平民的胜利炸毁了旧的氏族制度，并在它的废墟上面建立了国家，而氏族贵族和平民不久便完全融于国家之中。最后，在战胜了罗马帝国的德意志人中间，国家是直接从征服广大外国领土中产生的。

三、几种主要的国家起源观

对于国家的起源观，有许多的观点，比如自发论、水源论、战争论、贸易论、综合模式起源论等，它们从各个不同的角度对于国家的起源做了分析，下面进行简要介绍。

自发论是以法国启蒙思想家卢梭的社会契约论为蓝本的，认为在人类社会的发展过程中，人们由于受自然以及动物界的侵害，每个人为了趋利避害，保全自己，愿意让渡自己的部分权利，因而需要一个机构来行使这种职责，因而在此基础上产生了国家。这种观点在西方被普遍认同。代表这种观点的著名学者是英国考古学家柴尔德，他认为国家的产生首先是由于出现粮食的剩余，由于粮食的剩余，在此基础上，人们可以从事其他的职业，在这个职业不断分化的过程中，一些部落联盟中的上层精英不断地整合力量，最后形成国家。这种自发论从某些方面论证了马克思主义在社会分工的基础上产生国家的思想，有一定的合理性，但是，有些方面也有不足之处。比如，人们究竟是在何时何地以何种方式让渡自己的权力的，到底在历史上发生过没有，这些问题都值得商榷，再者，粮食的剩余产生了社会分工，从而导致了国家的产生，究竟是什么因素导致粮食的剩余，这些问题都值得思考。

水源论的观点认为，在古代的大河流域，至少在中国的黄河、长江流域，印度的恒河流域，伊拉克的两河流域，埃及的尼罗河流域，人们通过自发的、小规模的灌溉方式进行生产，但是随着时间的推移，人们发现，水利灌溉是一种对大家都有利的事情，因此大家便联合起来，让渡自己的部分权力，形成一个大的统治集团，以便于灌溉和农业生产，国家便由此产生。这种观点在一定程度上适用于某些国家，但是，不具有普遍性。比如可以解释四大文明古国，但不适合于欧洲的国家和美洲国家，况且在有些地方，在没有产生大规模的农业灌溉之前，国家早已产生。因此，这种观点缺乏普遍性，不能完全说明国家的起源。

战争论认为，战争是导致国家产生的最重要的因素。其代表人物是卡内罗，战争论认为，战争是游牧民族通过战争对农耕民族的征服而取得的。这种观点有不足之处，的确战争在国家的产生过程中起到了重要作用，并被许多地方的实例所证明，但是战争说只是国家产生的必要条件，不是充分条件。毕竟在世界上许多地方进行的许多战争并没有产生国家。因此，这种观点也不具有普遍性。

贸易论认为，在古代社会，一个部落或部落联盟由于自身缺乏某些商品，必须与另一个部落进行交换，在交换的过程中，由于贸易规模的不断扩大，在人们不断交往的基础上，联系不断加深，因而产生了国家。这种贸易论在美洲的有些地区得到了证明，但只是局部的现象，因而，不具有普遍性。

人口论是在继承马尔萨斯人口论的基础上，进一步发展的。这种观点认为，由于人口的不断增长，导致了人口与资源之间的不平衡日益加剧，从而导致社会内部必须进行调整，以适应社会发展的需要，在这一过程中，原始社会开始向阶级社会过渡，部落联盟的首领开始利用自己的权力加强对土地的占有，从而导致等级制度的产生，国家便由此形成。其实人口因素是国家产生的重要因素，但不一定人口多的地方必然产生国家，人口只是产生国家的一个条件因素。

综合模式论认为，国家的产生不是一种因素起作用的结果，而是各种力量综合作用的结果，可能有些国家的起源观点只适用某一个地方，不具有代表性。国家的产生是各种变量综合互动的结果。这种观点看似具有某种普遍性，但是，没有具体说明国家产生的深层次原因。因而，这种观点只是各种观点的调和。

综上可知，以上几种国家起源的观点都分别从不同的方面对国家的起源作了论述，都有其合理成分，但各种观点都只是对国家起源的某一方面作了论述，都不具有普遍性，没有从深层次上把握国家的起源，但对于我们认识国家的起源仍然具有重要的意义。

第三章 《家庭、私有制和国家的起源》的当代价值

恩格斯的《家庭、私有制和国家的起源》根据大量史料，运用辩证唯物主义与历史唯物主义的观点，对家庭、私有制、国家等重要社会现象和社会发展进程进行了科学的考察，揭示了人类社会的一般发展规律，蕴含深刻的社会发展思想。《家庭、私有制和国家的起源》是继《共产党宣言》之后再一次科学阐明了“资本主义必然灭亡，共产主义必然胜利”的客观规律的一部光辉著作。在谈到《家庭、私有制和国家的起源》的重大意义时，恩格斯曾经说过：“我想，这篇东西对于我们共同的观点，将有特殊的重要性。”事实上，《家庭、私有制和国家的起源》这部著作对于丰富马克思主义唯物史观的理论基础，科学指导无产阶级进行社会主义运动发挥了十分重要的作用。当今世界，和平与发展已成

为时代的主题，在知识经济的时代背景下，重新深入研究和总结这部著作所蕴含的社会发展思想，对于我们确立共产主义的世界观、坚定共产主义信念、坚持走社会主义道路、掌握研究社会发展的科学方向和方法，以及深入贯彻落实科学发展观、全面加速社会科学发展具有深刻的启示作用。

第一节　正确认识和看待资本主义

恩格斯和摩尔根对未来社会发展趋势的预测是一致的，那就是人类社会必将会走向共产主义。这一点在《家庭、私有制和国家的起源》的结尾部分，恩格斯摘引摩尔根在《古代社会》一书中对文明时代的评价和对未来社会的畅想的结语中可以看出。摩尔根说："……管理上的民主，社会中的博爱，权利的平等，普及的教育，将揭开社会的下一个更高的阶段，经验、理智和科学正在不断向这个阶段努力，这将是古代氏族的自由、平等和博爱的复活，但却是在更高形式上的复活。"恩格斯通过对人类社会产生和发展的总体历史进程进行科学的考察，为人们特别是无产阶级人民揭示了

“资本主义必然灭亡，共产主义必然胜利”的社会发展规律，这对于我们坚定共产主义信念，树立为共产主义奋斗终身的世界观有极其重大的意义。

在中国，坚定共产主义信念、树立共产主义的世界观有着特别重要的意义。这是因为中国是社会主义国家，中华民族的发展需要人们形成统一的、与时代发展相符合的共产主义世界观。只有这样才能形成统一的力量，推动社会主义现代化政治、经济、文化的不断健康发展。资本主义的发展方式极大地解放了生产力，促进了人类社会的发展，并且具有很强的适应性，许多国家因此走上了资本主义的道路。由于发展得较早，加上资本主义发展带来的三次技术革命，使这些资本主义国家在当今世界政治、经济等方面处于领先的地位。相比之下，许多社会主义国家的生产力普遍不高，科学社会主义运动处于暂停或缓慢发展状态，加上社会主义国家内部或资本主义国家对马克思主义的诋毁，许多人萌生了马克思主义已经过时的想法，对社会主义道路和共产主义理想产生了怀疑。《家庭、私有制和国家的起源》一书对人类社会的发展进程做了一般的、普遍的解释，加上人们对资本主义的发展进程以及社会主义与资本主义国家的本质的认识，可以更好地梳理人类社会史的发展，对社会形态的更替做出准确的判断。

首先，我们要正确地认识资本主义社会的历史作用。恩格斯在《家庭、私有制和国家的起源》中对马克思主义国家问题的突出贡献主要是他论证了在阶级社会产生之前，曾经存在既没有私有制也没有阶级和国家的原始公有制关系的漫长发展过程。由于这个发现，有力地打击了关于“资本主义国家是永恒的，私有制、阶级等资本主义社会因素自人类出生以来就有”的谬论，揭示了资本主义社会的历史过渡性。恩格斯根据历史发展的考察说明了：“国家是社会发展到一定阶段上的产物，是历史发展的必然结果……不可避免地要消失。”根据恩格斯对于国家问题的观点我们能得出重要的启示：“无论是资本主义国家还是社会主义国家都是一个历史范畴，是社会发展到一定阶段上的产物，是在一定阶段上产生又在一定发展阶段上必然会灭亡的，是历史发展到更高级形态的过渡阶段的产物。”马克思主义唯物史观认为人类社会是从低级形态向高级形态发展的一个自然历史过程。因此，我们在对待资本主义这一社会形态时，不能只看到其高度繁荣发展的景象，还要从历史的角度出发，根据辩证唯物主义和历史唯物主义的观点，客观、科学地看待资本主义国家的发展规律。而且，单纯地重复“资本主义必然灭亡，社会主义必然胜利”的口号，拒绝接受资本主义中好的成果和发展经验会极大地限制社会的发展。相反，我们应该解放思想，实事求是，科学、客观地评价资本主义取得的成功。因为既然资本主义社会是人类社会从低级形态到高级形态发展中必然会经历的一种暂时的、过渡的历史阶段，那它一定有其存在的合理性和必然性。虽然资本主义的发展不能改变它的阶级性质，但是资本主义社会的向前发展是人类通往理想的共产主义社会所必须经历的发展阶段。资本主义社会建立的经济基础将为未来更高级的社会形态即共产主义社会的到来奠定坚实的基础，从这一点上来说，资本主义社会的历史作用是巨大的、功不可没的。也正因为如此，我们不应该完全否定资本主义社会的发展。同时，资本主义对生产力的促进作用还有很大的发挥空间，资本主义还有发挥它的进步性的余地。资产阶级为了维护它的统治地位，维持社会的稳定，一方面，在一定时期内通过积极学习借鉴社会主义国家中对资本主义发展有益的东西进行补充；另一方面，资本主义国家通过改善工人的工作环境，增加社会福利，以及在生产管理上对无产阶级采取比较人性化的管理方式等各种措施来缓和劳资矛盾；当代资本主义在经济的国家化、资本的社会化、管理的人性化、生产的跨国化、生活的协调化等方面，都达到了相当的程度，并且当今世界资本主义的发展程度不仅局限于生产力方面，它在政治、法治、文化、科技等各方面都有长足的表现，呈现出强劲的发展趋势，不承认这点必然会导向历史的虚无主义。

其次，我们要正确地认识资本主义发展的历史趋势和规律。辩证的唯物主义历史观认为，任何事物都要经历发生、发展、高潮、灭亡的发展阶段，马克思认为："无论哪一个社会形态，在它所能容纳的全部生产力发挥出来以前，是绝不会灭亡的。"虽然资本主义社会取得了快速的发展，但不代表资本主义就是人类社会的最高形式，也不代表资本主义不会灭亡。由于资本主义对生产力的促进作用还有很大的发挥空间，资本主义还有一定的进步性，因此资本主义被社会主义替代的过程是长期的、曲折的和复杂的。

第二节 坚定走中国特色社会主义道路的信心

在恩格斯晚年写作《家庭、私有制和国家的起源》的时候，虽然资本主义社会的发展出现了一些他所始料不及的发展前景，并且呈现出继续发展的欣欣向荣的景象，但是恩格斯依据科学的历史分析和考察，并没有否定他和马克思早年断定的“资本主义必然灭亡，共产主义必然胜利”的结论。他在《家庭、私有制和国家的起源》中通过对历史的进一步科学考察，最终也得出了同样的结论，并且认为资本主义当时的这种发展景况正是客观规律的表现形式。恩格斯的这些深邃思想启示我们要时刻坚定共产主义信念，既要充分认识到社会主义代替资本主义是不以人的意志而转移的社会发展的客观规律，又要科学地预见到社会主义取代资本主义的长期性、曲折性与复杂性。

“资本主义必然灭亡，共产主义必然胜利”并非是一句口号，这一结论基于马克思主义的国家理论。恩格斯在

《家庭、私有制和国家的起源》中系统地揭示出了国家的本质："国家是阶级矛盾不可调和的产物，是经济上占统治地位的阶级用来镇压和剥削被压迫阶级的工具。"这就明确地告诉我们，任何国家都是实际掌握生产资料的阶级维护阶级统治地位的工具，国家具有具体的阶级属性，这是关于国家本质的一般概括。但是，还并不等同于说社会主义国家与资本主义国家在实质上是完全相同的。资本主义国家是占人口少数的资产阶级为了统治和管理占人口绝大多数的全体社会成员、凌驾于全社会之上的、与人民大众相分离的权力机关。它实质上维护的是以私有制和雇佣劳动为基础的资产阶级的统治，当代资本主义国家无论发展到何种发达的地步，其阶级实质是不会改变的，它自始至终都是资产阶级利益的代表。而社会主义国家则是完全不同于资本主义国家的一种国家类型，它具有国家本质的一般特征，也是阶级统治的工具，但它与资本主义国家的少数统治者压迫和剥削占人口绝大多数的被统治阶级不同，它维护的是占人口绝大多数的人民群众的根本利益，对人民群众实行高度的民主，对少数剥削阶级和各种敌对阶级则进行打击和镇压。因此，社会主义国家的国家意志与人民群众的意志是一致的，它不是与人民大众相分离的权力机关，也不是与社会相异化的力量，而是代表无产阶级和人民大众为社会服务的公共权力。

我们要坚定共产主义必胜的信念，这是因为共产主义是人类社会发展的最终方向，社会主义是共产主义的低级阶段。中国社会主义革命和建设的实践正是马克思主义国家理论的具体体现。我们国家在1956年底完成了三大改造，确立了社会主义制度。我国走的是具有中国特色的社会主义道路，其社会制度的性质是社会主义的，它的形式则是具有中国特色的，这种选择是被实践证明了的当代中国发展唯一正确的道路，是能够促进社会健康、快速发展，符合我国基本国情，并且得到人民群众充分支持与拥护的正确道路。中国特色社会主义道路不是个别领导人感性认识的产物，是以马列主义为指导，依据我国具体国情和对时代的科学把握，吸取国内外建设社会主义的经验与教训、反复试验与抉择的产物。但这并不是说中国特色社会主义道路是一种一劳永逸的、既定的发展模式，过去我们曾经因为这样的误解而照搬照用前苏联的发展模式，走了弯路，付出了惨痛的代价。现在我们必须清醒地认识到，中国特色社会主义道路具体怎么走是在社会发展进程中依据国内外的具体形势和新变化，根据不同的发展条件，坚持改革与创新，不断完善和生成的过程。这要求我们在科学分析本国国情的基础上运用科学社会主义的原理，研究新情况、分析新问题，制定正确的、与时俱进的发展战略和方针政策。同时，要坚持贯彻邓小平同志提出的对外开放政策，“大胆吸收和借鉴人类社会创造的一切文明成果，吸收和借鉴当今世界各国包括资本主义发达国家的一切反映现代社会化生产规律的先进经营方式，管理方法”，在前进中不断完善中国特色社会主义道路，逐步实现工业、农业、国防和科技的现代化，把我国建设成为高度文明、民主的社会主义国家，使社会主义的优越性充分发挥出来。

“神奇的预言只是神话，科学的预言却是事实。”马克思、恩格斯为我们展示了未来社会发展的宏伟蓝图，应该说前途是光明的，道路是漫长而曲折的。人类进步的潮流是不可阻挡的，这是历史发展的必然趋势。但是共产主义社会是不会自行到来的，需要全世界无产阶级和人民群众在科学社会主义的旗帜下汇集起来，和资本主义展开共同的斗争。对于我国而言，我们要坚定共产主义信念，坚持走具有中国特色的社会主义道路，在实践中促进社会主义经济、政治、科技、文化等方面的长足发展，为共产主义的最终实现打下坚实的基础。

第三节　为全面推进我国经济社会的科学发展提供启示

科学发展观是以胡锦涛同志为代表的党的领导集体依据中国现阶段的基本国情，适应新时代的发展要求创造性地提出来的。它是新时期继续全面建设小康社会，发展具有中国特色社会主义的依据。所谓科学发展观，指的是“坚持以人为本，树立全面、协调、可持续的发展观，促进经济社会和人的全面发展”。科学发展观集中体现了我们党对新时期、新阶段发展问题的全新认识，是马克思主义社会发展理论在我国的具体实际运用，为中国社会主义现代化建设提供了理论指导。中国当今现代化建设的关键是要深入贯彻落实科学发展观，全面加速社会的科学发展。恩格斯《家庭、私有制和国家起源》的社会发展思想为如何深入贯彻落实科学发展观提供了重要的启示。

首先，“两种生产”理论对社会主义现代化建设具有指导作用。恩格斯在第一版序言中明确地指出了“两种生产”对社会历史的决定性作用。恩格斯指出：“根据唯物主义的观点，历史中的决定要素归根结底是直接生活的生产和再生产；但是，生产本身又有两种：一方面是生活资料即食物、衣服、住房以及为此所必需的工具的生产；另一方面是人类自身的生产，即种的繁衍。”在这里，恩格斯明确地指出了“两种生产”是人类社会发展的根本动力，对社会历史的发展起着决定性的作用，而决定社会历史发展的“两种生产”包括两个方面的内容：物质资料的生产和再生产，以及人口的生产和再生产。所以，根据“两种生产”理论，依据我国现阶段的基本国情，为了加速我国社会的科学发展，我们必须改变传统的以物为中心的发展理念，把人的综合素质的发展和人的自由度的提高也纳入社会发展进步的标准。一方面，我们要集中力量发展生产力，不断增加社会的物质财富，积极促进社会主义物质文明建设，促使社会主义市场经济良性发展。另一方面，要高度重视人类自身的生产和再生产，深入贯彻落实“以人为本”的科学发展观，真正实现“人的自由而全面的发展”，“促进经济社会和人的全面发展”，“把广大人民的根本利益作为我们一切工作的出发点和落脚点”，使社会的发展围绕人的发展而全面展开。努力提高人口的综合能力和素质，大力发展科教兴国战略，真正做到尊重知识，尊重人才，建设社会主义精神文明。

此外，恩格斯在“两种生产”理论中还阐述了“两种生产”对社会制度的制约作用。恩格斯指出：“一定历史时代和一定地区内的人们生活于其下的社会制度，受着两种生产的制约：一方面受劳动的发展阶段的制约，另一方面受家庭的发展阶段的制约。”并且指出物质资料生产水平越低，社会制度就越受人类自身生产状况的制约。随着物质生产水平的提高，人类自身生产状况对社会制度的制约作用逐渐减弱，物质资料生产的作用逐渐加强。恩格斯的“两种生产”对社会制度的制约作用的阐释说明了在人类历史的每一个阶段上，物质资料的生产和人类自身的生产对社会制度都起着制约的作用，但是在不同的历史时期它们对社会制度的制约程度却是有所不同的。对于原始社会来说，“劳动愈不发展，社会制度就愈在较大程度上受血族关系的支配”，人类自身生产状况对原始社会的制约作用是首要的，物质资料生产水平的制约作用居于次要地位。随着物质生产水平的提高，人类自身生产状况对社会制度的制约作用逐渐减弱，物质资料生产的制约作用逐渐加强。因此，现代社会受物质资料生产的制约作用要大于人类自身生产状况的制约作用。这就给了我们这样一个启示，即在现代社会，为了促进社会科学快速发展，应该把物质生产水平的提高放在首要突出的地位，努力使物质生产的增长速度高于人类自身生产的增长速度，只有这样才能保证在人类的物种不断延续和为社会生产提供源源不断劳动力的基础上，人类的物质生活水平能够有所提高，人类社会能够得到长足的发展。我们要集中力量大力发展生产力，努力提高生产效率。同时，我们也不能忽视人口的生产和再生产对现代社会发展的次要制约作用。由于中国现阶段人口基数依然庞大，人口的过快增长依然同生产资料和生活资料的增长速度不相协调，这势必会影响中国社会主义现代化事业的蓬勃发展，因此我们必须坚持计划生育的基本国策，有计划地调解人口的增长速度，科学控制人口的过快增长。此外，也要调节好“两种生产”的适当比例，自觉调整“两种生产”的关系。对物的调整，就是计划经济；对人的调整，就是计划生育。物质资料的生产要以计划为主、市场调节为辅，而人口的计划首要的是解决数量问题。使人口数量与国民生产总值相适应，劳动人口与生产资料的数量相适应，消费人口与生活资料的数量相适应，使人口的发展同国民经济的发展水平和要求相适应，社会才能不断向前发展，人们的生活水平才能逐步得到提高。在中国社会主义初级阶段的条件下，要以最大限度地满足人们的物质和文化需要为前提，以有利于不断发展社会主义的经济，实现劳动人口的合理使用和充分就业为基础，适当调整两种生产的比例关系。

其次，恩格斯对婚姻家庭起源和发展历史进程的考察与分析对构建社会主义和谐家庭具有指导意义。新中国建立以后，由于科学地预见了恩格斯对家庭发展规律理论说明的正确性，中国在否定封建家庭和资产阶级一夫一妻制家庭的基础上建立起了新型的社会主义一夫一妻制家庭形式。“三大”改造完成之后，随着社会主义制度的确立，这种社会主义一夫一妻制家庭形式变得更加牢固了，恩格斯的科学预言也逐渐在我国成为现实。比如，宪法、婚姻法、刑法从多方面为社会主义一夫一妻制家庭的稳定提供了法律保障；婚姻法规定废除旧的婚姻制度，实行以男女平等、婚姻自由为基础的一夫一妻制个体婚姻，反对买卖包办婚姻，废除童养媳和纳妾制度，以及一夫多妻、一妻多夫等畸形家庭形式；刑法规定了重婚罪、聚众淫乱罪和引诱、容留、介绍他人卖淫等罪名；宪法从多方面保障了男女平等，规定妇女在法律上、政治上享有同男子同等的权利，在家庭里与男子享有平等的地位。在社会生活中，社会主义制度保障女子享有同男子同等的受教育权，并且在就业问题上倡导男女平等，促使越来越多的妇女参加到社会劳动中，使她们成为了经济独立的家庭成员，使男女平等、婚姻自由的一夫一妻制家庭形式在我国广泛建立起来。但是，由于中国还处于社会主义初级阶段，因此还远没有达到恩格斯所设想的社会主义家庭的理想阶段，旧的家庭关系、家庭观念还没有被完全清除，一些农村或偏远地区的家庭还广泛存在着男尊女卑、传宗接代、财产继承等封建思想。由于现阶段中国的生产力水平比较低，即使城市的一些青年男女在选择配偶时还是会考虑对方的经济基础、社会地位等因素，因此以爱情为唯一基础的婚姻家庭还不能完全建立起来。从家庭关系方面看，由于现实条件的限制，妇女在家庭中仍是家务的主要承担者，这就相应地阻碍了妇女在社会上参加劳动的自由，加之社会上歧视妇女的现象仍然严重，使妇女在重要劳动岗位上相对于男子的比例比较少。因此，妇女在家庭中还没有取得与男子绝对意义上的平等自由权利。由此可见，恩格斯为我们指明了婚姻家庭改革发展的正确方向，但是要实现这一目标，我们还有相当长的路程要走，这需要我们一方面大力发展生产力，促进社会主义现代化建设，为社会主义一夫一妻制家庭的发展提供充足的物质基础保障；另一方面，加强社会主义精神文明建设，努力提高全体人民的思想道德素质和思想文化水平，消灭旧有封建残余婚姻思想，使人们建立起新型的社会主义婚姻家庭观念。

再次，恩格斯关于国家起源问题的基本观点深刻揭示了社会发展规律是普遍性与特殊性的有机统一，这要求我们要根据不同时期社会发展的情况科学地制定不同的政策。恩格斯通过对雅典、罗马和德意志三种典型的国家起源模式进行实证分析后，得出了关于国家起源问题的一般结论。他认为，虽然雅典、罗马和德意志从氏族组织的瓦解到形成国家组织的具体过程和途径各不相同，各有各的历史特点，但是本质上却是相同的，即一切国家无论是哪一种起源的模式，都是部分地改造氏族机关，部分地设置新的机关代替它们，最后全部用真正的国家权力机关取代了氏族机关而发展起来的。恩格斯的这一观点深刻揭示出了社会发展规律的普遍性与特殊性之间的辩证统一关系，为我们在不同的发展阶段科学地制定不同的发展策略提供了理论依据。社会发展规律之所以会体现出普遍性与特殊性的有机统一，是因为社会的发展总体上受生产力和生产关系、经济基础和上层建筑这两对矛盾运动的作用，整体上呈现出从低级阶段到高级阶段的发展变化的自然历史过程，但是由于每个国家的历史背景和不同时期的发展条件有所不同，所以，不同国家的发展道路和发展模式会呈现出差异性的特点。这就启示我们要依据我国的基本国情和不同时期国际国内发展的环境和条件，科学制定出反映我国社会发展特点的科学决策，绝不能照抄照搬其他国家的发展模式，只有对本国基本国情进行正确认识和科学分析的基础上，从实际出发走自己的道路，才能从根本上解决矛盾，找出问题的实质所在。

以胡锦涛总书记为代表的党的领导集体提出的科学发展观，正是在进入21世纪我国社会主义现代化建设所处的国际环境有所变化，经济社会发展出现了一系列新的阶段性特征的基础上科学提出来的。胡锦涛总书记在十七大报告中指出，进入21世纪，我国的经济社会发展出现了一系列新的阶段性特征："经济实力显著增强，同时生产力水平总体上还不高，自主创新能力还不强，长期形成的结构性矛盾和粗放型增长方式尚未根本改变；社会主义市场经济体制初步建立，同时影响发展的体制机制障碍依然存在，改革攻坚面临深层次矛盾和问题；人民生活总体上达到小康水平，同时收入分配差距拉大趋势还未根本扭转，城乡贫困人口和低收入人口还有相当数量，统筹兼顾各方面利益难度加大；协调发展取得显著成绩，同时农业基础薄弱、农村发展滞后的局面尚未改变，缩小城乡、区域发展差距和促进经济社会协调发展任务艰巨；社会主义民主政治不断发展、依法治国基本方略扎实贯彻，同时民主法制建设与扩大人民民主和经济社会发展的要求还不完全适应，政治体制改革需要继续深化；社会主义文化更加繁荣，同时人民精神文化需求日趋旺盛，人们思想活动的独立性、选择性、多变性、差异性明显增强，对发展社会主义先进文化提出了更高要求……”这些正确的认识与分析深刻指明了当前我们所要着手解决的我国社会发展的基本矛盾和问题，因此，我们应该立足当前，着眼长远，坚持走可持续发展的道路，正确处理经济社会发展同人口、资源、环境的关系，促进经济社会和人的全面发展。

最后，恩格斯关于国家将最终随着共产主义的胜利归于消亡的论述，为广大无产阶级参加社会主义实践，积极向共产主义社会过渡创造条件提供了指导作用。恩格斯认为，国家是经济上占统治地位的阶级用来镇压和剥削被压迫阶级的工具，这是国家的本质特征。无产阶级专政的社会主义国家虽然也是阶级统治的工具，符合国家的一般本质特征，但它却是与资本主义国家的少数统治者压迫和剥削占人口绝大多数的被统治阶级的性质不同，它是对占人口绝大多数的人民群众实行高度民主、镇压剥削阶级和各种敌对阶级的工具。恩格斯认为，国家将随着共产主义的胜利归于消亡，这是一条客观的社会规律，而这一规律的实现必须通过人们有意识的自觉活动才能得以实现。资本主义国家必须通过无产阶级革命推翻资本主义制度才能最终被摧毁，而无产阶级的社会主义国家当满足了一定的客观条件后将会自动走向灭亡。这些客观条件包括：生产力达到高度发展，社会产品极其丰富；私有制和阶级都完全彻底被消灭；全体人民拥有极高的共产主义道德品质和思想觉悟。

恩格斯关于国家理论的这些论述启示我们，为了实现共产主义社会这一远大目标，需要每一代共产党人付出长期而艰苦的努力，而当前我们国家也需要积极为实现这一长远目标努力创造以下条件：

第一，大力发展社会生产力，促进经济社会持续健康的发展。生产力的高度发达，乃是实现向共产主义阶段过渡的最重要的物质基础和前提条件。我们国家还处于社会主义初级阶段，生产力水平不发达，较发达国家水平相比还存在相当大的差距。因此，当前中国的最大任务是要大力发展生产力，而生产力的发展要求每一个社会成员都必须具有高度的科学文化修养，掌握最先进的生产技术和专业知识，所以当前需要把发展教育文化事业同发展社会生产力紧密地联系在一起，不断提高全体人民的科学文化水平。只有这样，才能适应最新科学技术的发展要求，不断提高劳动生产率，扩大操作范围，使劳动者减少单调的劳动，摆脱旧式分工的束缚，提高劳动者的工作兴趣，使人们真正成为大自然的主人，“促进经济社会和人的全面发展”，实现“以人为本”的科学发展观。大力发展生产力也是在为消灭工农之间、城乡之间、脑力劳动和体力劳动之间的差别，加速所有反映这些差别的资产阶级残余势力的消失创造条件，这些工作在社会主义阶段都要积极地进行，只有这样才能为过渡到共产主义社会创造条件。

第二，关心、支持全世界范围内的共产主义运动，为消灭一切剥削制度，促进国家的消亡而创造条件。我们国家虽然已经处于社会主义社会，消灭了剥削和阶级压迫，废除了阶级社会生产资料私有制的社会制度，广泛建立起了以公有制为主，多种所有制经济共同发展的社会主义制度，但是放眼世界，阶级压迫、剥削制度还广泛存在。共产主义社会是一个没有阶级剥削和压迫的社会，而要做到这一点，就需要在全世界范围内全部消灭阶级压迫和剥削制度，铲除它的思想的社会根源；只有在全世界范围内消灭了阶级剥削和阶级压迫后，才能为实现国家的消亡和进入共产主义社会创造条件，单独一个国家进入共产主义社会是不可能的，一国范围内实现国家的消亡更不具备条件；只有全世界所有国家都取得了社会主义革命胜利后，才有可能实现向共产主义的过渡。鉴于这个原因，我国要关心、支持资本主义国家和其他国家无产阶级的革命斗争，大力促进国际共产主义运动发展，为最终消灭全世界的剥削制度和阶级压迫，进入共产主义社会而奋斗不止。

第三，努力提高全体人民的共产主义道德品质和思想觉悟，培养具有共产主义素质的一代新人。马克思主义认为，全体社会成员形成科学的社会主义世界观对于向共产主义社会过渡是必不可少的条件，只有全体社会成员都形成统一的共产主义道德品质，排除了自我利弊得失的计较，他们才能正确地对待社会工作、对待劳动、对待人与人之间的关系，而这一条件的形成需要我们逐渐淡化私有观念，但私有观念的淡化需要丰富的物质资料作支撑，所以共产主义世界观的形成与生产力的发展是相互联系、有机统一的。就我国而言，为了创造这一精神条件，一方面需要我们大力发展生产力，创造出极其丰富的物质财富，不断满足人们对物质生产资料和生活资料的需求；另一方面，要认真清除从旧社会带来的各种剥削阶级的封建腐朽思想和历史上遗留下来的各种落后、愚昧的观念，深入开展以马克思主义为指导的社会主义精神文明的教育，克服“自发论”的错误思想，坚持长期、系统的马克思主义理论教育和其他形式的思想政治教育，并同社会上的各种不良倾向进行必要的斗争，不断提高全体人民的思想觉悟，培养具有共产主义素质的一代新人。这一切都必然要成为社会主义历史阶段的重要任务，只有完成了这个任务，才能不断提高全体人民建设共产主义的自觉性和积极性，实现从社会主义社会向共产主义社会的过渡。

《家庭、私有制和国家的起源》是马克思主义的一部经典著作，是现代社会主义的主要著作之一。它的出现填补了原始社会史的空白，为人类了解自身、家庭以及组织形态等一系列要素的出现和发展提供了详实、可靠的说明，打破了资产阶级片面的、模糊的、带有误导性的国家学说，为广大渴望了解真实历史的人们，特别是无产阶级呈现出了历史的原貌，提升了人们的文化素养。人类历史有其规律性，《家庭、私有制和国家的起源》为我们提供了这样一个视角，站在历史的角度评看历史，道说未来。

参考文献

1. 路易斯·亨利·摩尔根. 古代社会（新译本）[M]. 杨东莼、马雍、马巨译. 北京：中央编译出版社，2007.

2. 恩格斯. 家庭、私有制和国家的起源[M]. 中共中央马克思、恩格斯、列宁、斯大林著作编译局译. 北京：人民出版社，1999.

3. 孙平. 摩尔根《古代社会》：社会发展的理性思考[J]. 广东广播电视大学学报，2009（4）：18.

4. 郭强. 马克思恩格斯晚年国家起源思想的发展理论——从《摩尔根〈古代社会〉一书摘要》到《家庭、私有制和国家的起源》[J]. 燕山大学学报：哲学社会科学版，2011（3）：12.

5. 梅荣郑，阳黔花. 历史唯物主义发展的丰碑（一）——《家庭、私有制和国家的起源》研读[J]. 思想理论教育导刊，2010（4）.

6. 赵红丽. 试析《家庭、私有制和国家的起源》的主要内容[J]. 重庆科技学院学报：社会科学版，2008（8）.

7. 蔡曙光.《家庭、私有制和国家的起源》写作背景和经过[J]. 四川大学学报，1979（3）.

8. 姜大仁.《家庭、私有制和国家的起源》三主题解析[J]. 贵州大学学报：社会科学版，2001（5）：19.

9. 孙妹. 论恩格斯的婚姻家庭观——读恩格斯《家庭、私有制和国家的起源》有感[J]. 法制与社会，2008（20）.

10. 刘凯. 从母权制社会向父权制社会转变的原因——看“两种生产”的决定意义[J]. 零陵学院学报，2003（1）：24.

11. 张树栋. 论摩尔根的代表作《古代社会》[M]. 北京：民族出版社.

12. 王康. 马克思很喜欢的一本书——摩尔根的《古代社会》[J]. 读书，1979（6）.

13. 日知. 摩尔根《古代社会》一书与原始社会史上一些问题[J]. 东北师大学报，1956（1）.

14. L·A·怀特. 摩尔根生平及《古代社会》[J]. 民族译丛，1979（2）.

15. 张春枝. 试比较摩尔根和恩格斯的研究方法——以《古代社会》和《家庭、私有制和国家的起源》为例[J]. 学术探索，2012（12）.

16. 黄淑娉.《家庭、私有制和国家的起源》对原始社会史研究的贡献[J]. 民族研究，1984（5）.

17. 恩格斯. 恩格斯《家庭、私有制和国家的起源》（节选）学习导读[N]. 光明日报，2011—7—26（010）.

18. 梁剑韬. 关于原始社会史的几个问题——读恩格斯《家庭、私有制和国家的起源》[J]. 中山大学学报：社会科学版，1962（3）.

19. 周朱流. 试论原始社会的几种婚姻和家庭形式. 民族学研究第二辑[M]. 北京：民族出版社.

20. 林耀华. 试论原始社会史的分期问题[J]. 文史哲，1978（4）.

21. 林耀华. 再论原始社会早期的分期问题. 民族学研究第二辑[M]. 北京：民族出版社.

22. 林嘉声. 试论原始社会质变形式的特点——学习《家庭、私有制和国家的起源》[J]. 福建师大学报：哲学社会科学版，1983（1）.

23. 江丹林，孙麾. 马克思晚年笔记与恩格斯对私有制、阶级和国家起源问题的解决[J]. 安徽大学学报，1991（2）.

24. 李明叶. 浅谈恩格斯的两种社会生产[N]. 呼和浩特日报（汉），2010—6（7）.

25. 张剑伟. 与经典的时代对话——评张彦修《婚姻·家族·氏族与文明——家庭、私有制和国家的起源》研究[J]. 湛江师范学院学报，2011（5）.

26. 姜丹. 恩格斯《家庭、私有制和国家的起源》之社会发展思想研究[J]. 重庆师范大学，2012年10月.

27. 代莉平. 恩格斯的国家学说浅析——解读《家庭、私有制和国家的起源》[J]. 商业文化：学术版，2009（3）.

28. 郭小香. 恩格斯一夫一妻制家庭理论与和谐家庭的构建——纪念“三八妇女节”100周年[J]. 江西师范大学学报：哲学社会科学版，2010（4）.

29. 赵利春. 就农业、游牧业的出现谈自然生态环境对文化的基础性作用——读《家庭、私有制和国家的起源》有感[J]. 新西部（下旬，理论版），2011（13）.

30. 郑铎. 马克思恩格斯国家学说及其对社会建设的启示[J]. 西南石油大学，2012.

31. 陈长畅. 恩格斯对国家起源的研究及其方法论的意义——纪念《家庭、私有制和国家起源》发表一百周年[J]. 法学评论，1884（3）.

32. 黄晓红. 家庭起源与婚姻文化——恩格斯婚姻家庭观解读[A]. 东洋理论与文化——第18次韩中伦理学国际学术会议论文集[C].

33. 傅如良. 论原始社会公仆向阶级社会主人的嬗变——重读《家庭、私有制和国家的起源》[J]. 长沙电力学院社会科学学报，1997（4）.

34. 王宁. 从母权制社会到父权制社会的文化现象分析[M]. 郑州大学，2007年9月.

35. 陈克进. 从原始婚姻家庭遗俗看母权制向父权制的过渡[J]. 民族研究，1980（1）.

36. 戴雪红. 父权制与当代资本主义批判——女权主义的理论透视[J]. 妇女研究论丛，2001（6）.

37. 刘思谦. 关于母权制与父权制[J]. 河南大学学报：社会

科学版，2005（5）.

38. 宋恩常. 论从母权制家庭到父权制家庭的变革及其内在矛盾[J]. 思想战线，1979（5）.

39. 刘达成. 论氏族社会发展的两个阶段[J]. 西北民族大学学报：哲学社会科学版，1985（3）.

40. 谌中和. 人口生产与母权制[J]. 复旦学报：社会科学版，1989（2）.

41. 肖发荣. 再论“母权制”、“母系制”与女性社会地位[J]. 妇女研究论丛，2005（5）.

42. 程纯. 关于私有制的起源及其历史地位——读恩格斯的《家庭、私有制和国家的起源》[J]. 历史教学问题，1984（6）.

43. 张青，徐元邦. 关于私有制起源的探讨——学习恩格斯《家庭、私有制和国家的起源》的一点体会[J]. 考古，1976（3）.

44. 卢勋. 关于私有制形成的若干问题的探讨[A]. 民族学研究第七辑——中国民族学会第三届学术讨论会论文集[C].

45. 祝利民. 马克思的分工理论及分工与私有制的关系[J]. 郑州轻工业学院学报：社会科学版，2010年（5）：11.